DEATH MATCH

EXTREME BOOK

戦々狂兇

写真◎丸山剛史

CONTENTS

002 実録 葛西 純

018 葛西純、「NO DEATH MATCH NO LIFEな日々」を語る

026 大日本プロレス
老舗団体が突き進むデスマッチの王道と進化

BJW DEATH MATCH KING

042 伊東竜二

052 アブドーラ小林

062 “黒天使”沼澤邪鬼

072 FREEDOMS
自由の名の下に集うデスマッチ超人の宴

084 佐々木 貴

092 FEATURED CRAZY FIGHTER

094 バラモン兄弟

104 竹田誠志

113 DEATH MATCH HISTORY in JAPAN

114 日本国内デスマッチ略年譜

118 DEATH MATCH LEGEND
“ミスター・デンジャー”松永光弘

JUN
KASAI
純
NO DEATHMATCH NO LIFE

実録 葛西

3

FREEDOM-WEIGHT
CHAMPION

狂猿
デスマッチ~~殉教~~純凶

デスマッチのリングに己のすべてを賭ける、
葛西純の存在証明

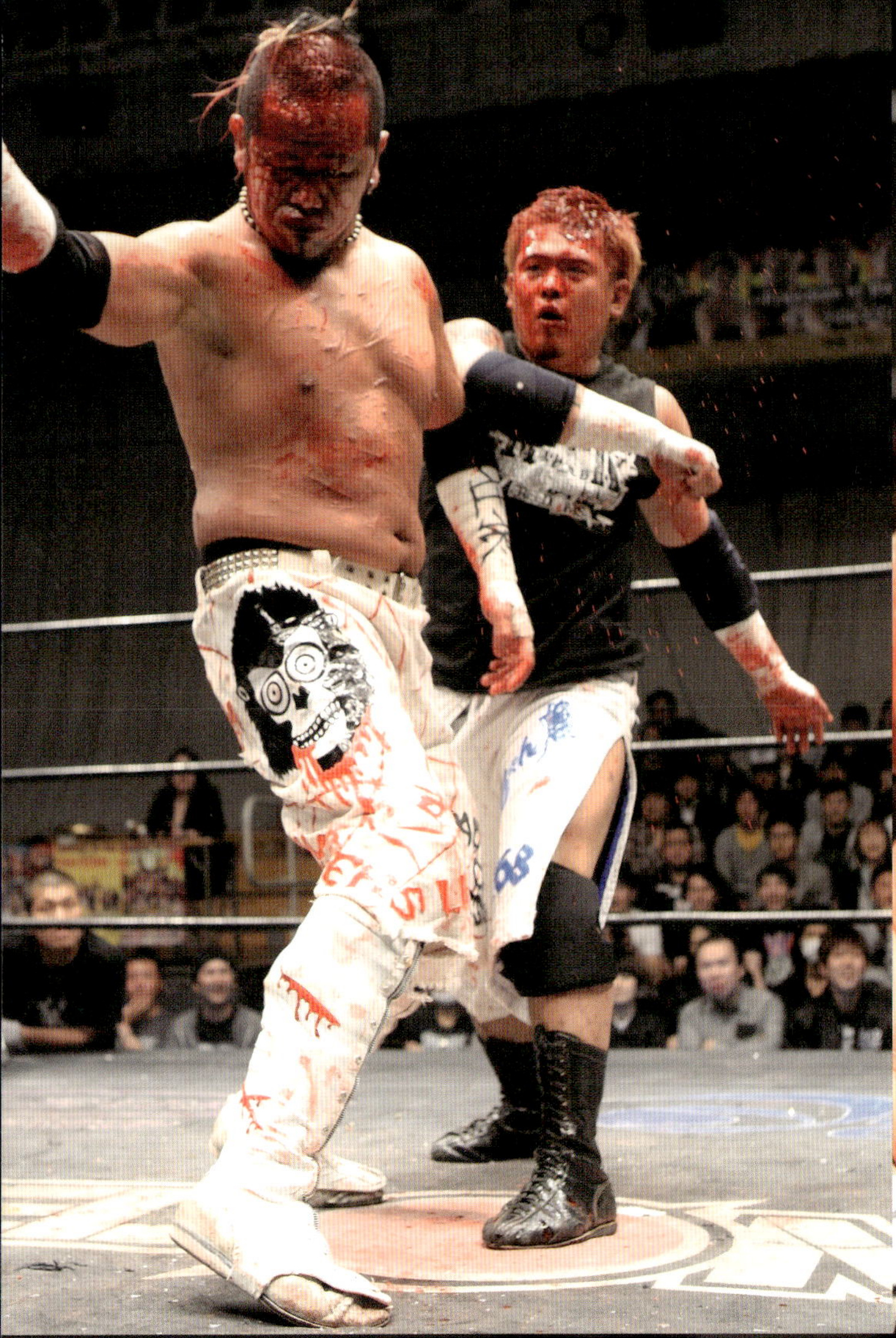
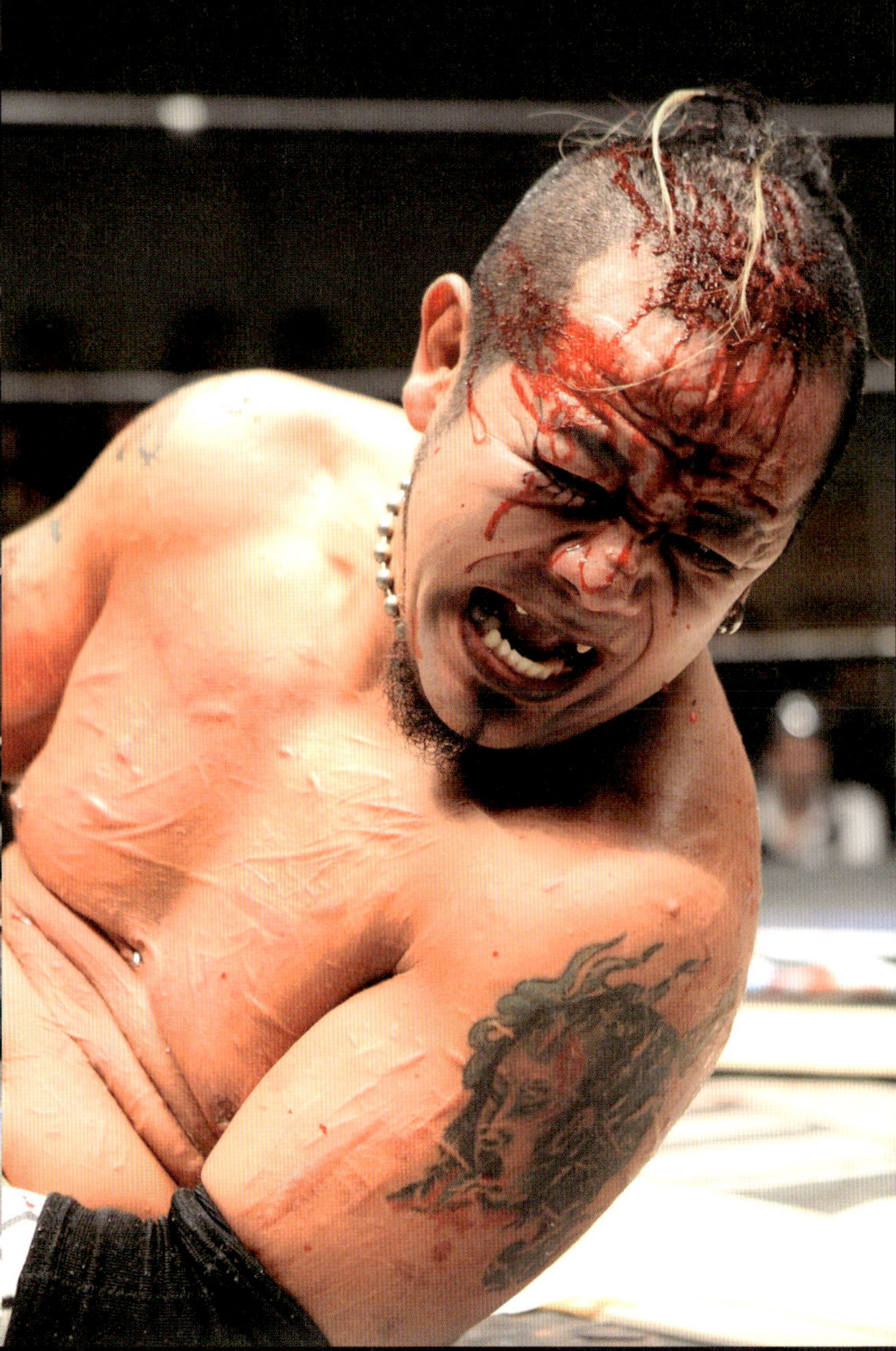

antz

ちゃん
検索

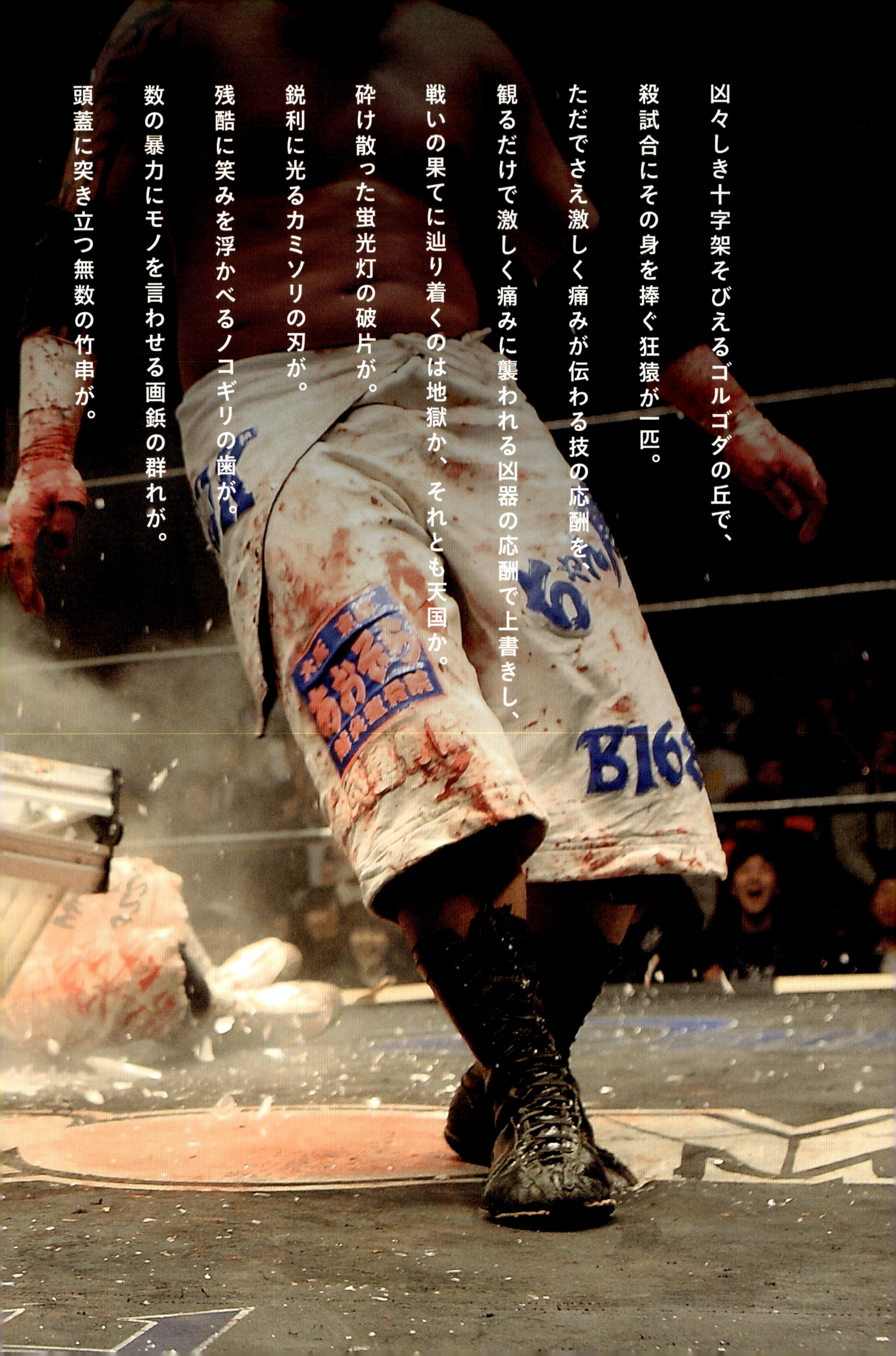

凶々しき十字架そびえるゴルゴダの丘で、
殺試合にその身を捧ぐ狂猿が一匹。
ただでさえ激しく痛みが伝わる技の応酬を、
観るだけで激しく痛みに襲われる凶器の応酬で上書きし、
戦いの果てに辿り着くのは地獄か、それとも天国か。
砕け散った蛍光灯の破片が。
鋭利に光るカミソリの刃が。
残酷に笑みを浮かべるノコギリの歯が。
数の暴力にモノを言わせる画鋲の群れが。
頭蓋に突き立つ無数の竹串が。

もはや正気の沙汰とは思えぬ凶器の沙汰で、
文字通り血の海と化したリングの中、
苦悶に顔を歪め、あるいは恍惚にのたうち、
痛みの洪水をサーフィンするデスマッチジャンキー。
その狂気で観る者の狂喜を喚起するクレイジーモンキー。
会場に鳴り響く「キチガイ」コールは讃美歌のごとく。
デスマッチに殉じ……否、〝純〟じる狂猿は聖者のごとく。
その肉体に生き様を刻む傷だらけの天使は、
観客を昇天させるべく己の血を流し、
デスマッチの頂点で今日も明日も狂い咲く。

antz

antz

v.cleus-grp.Co.jp
FREEDOMS

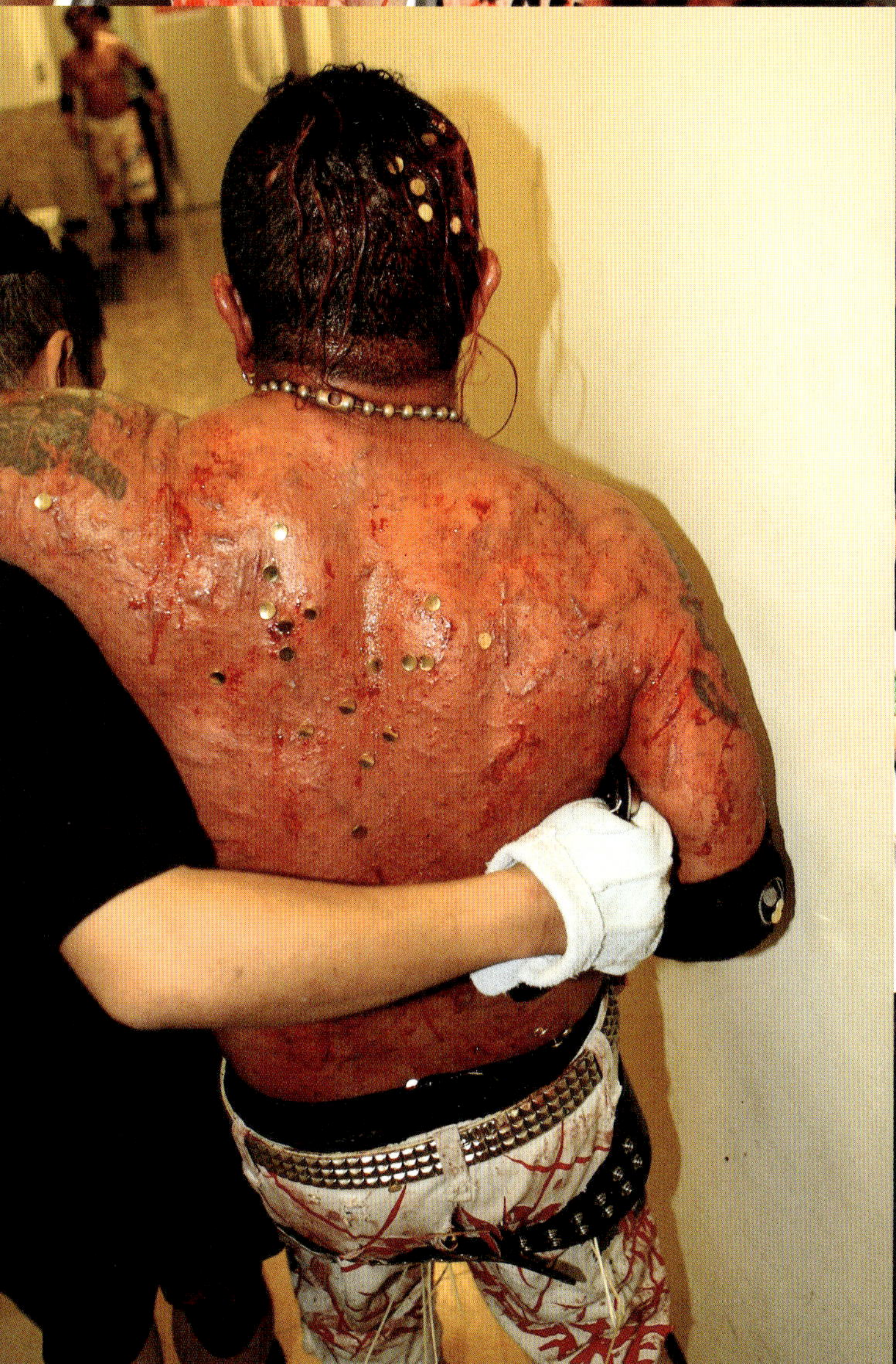

CHAMPION

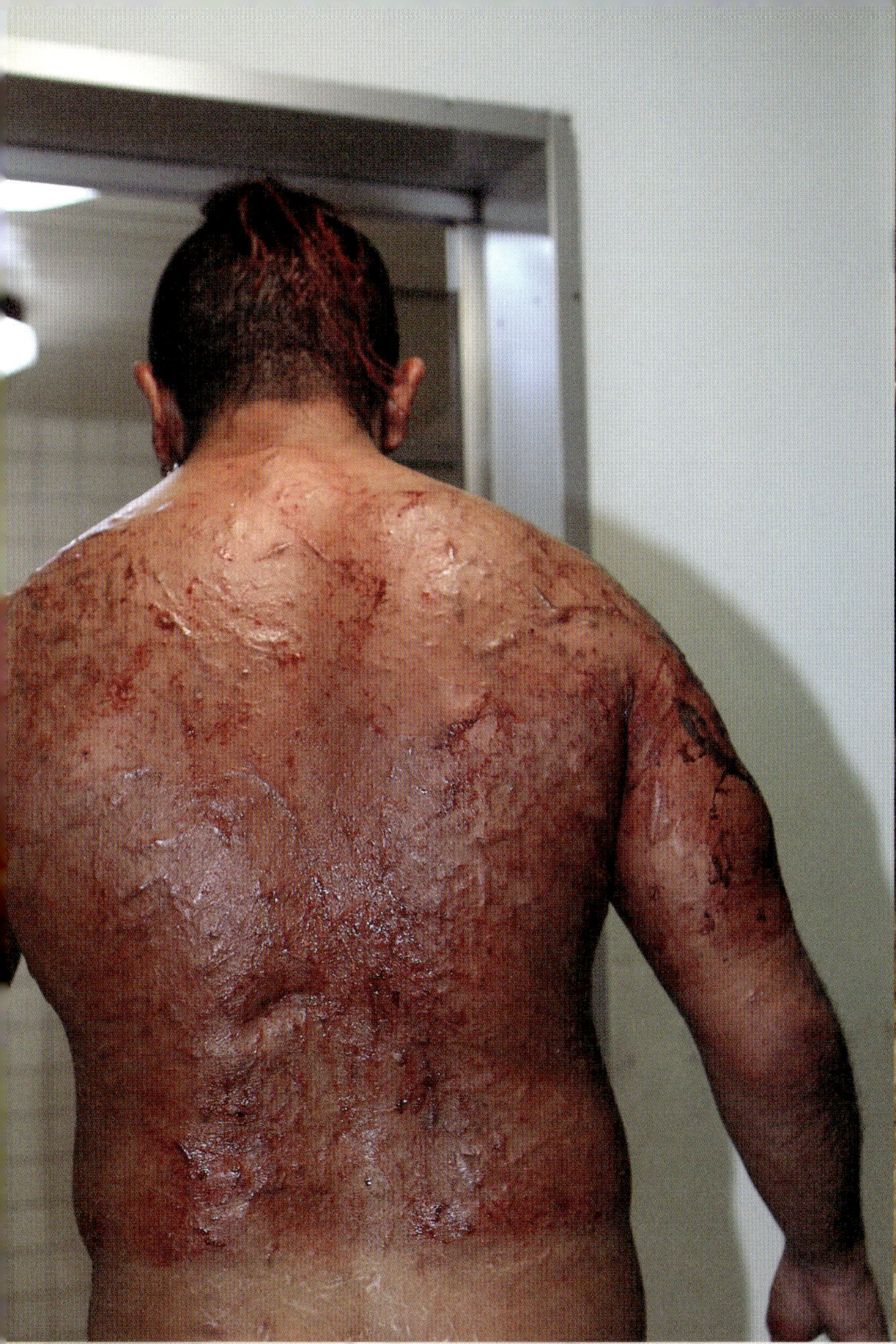

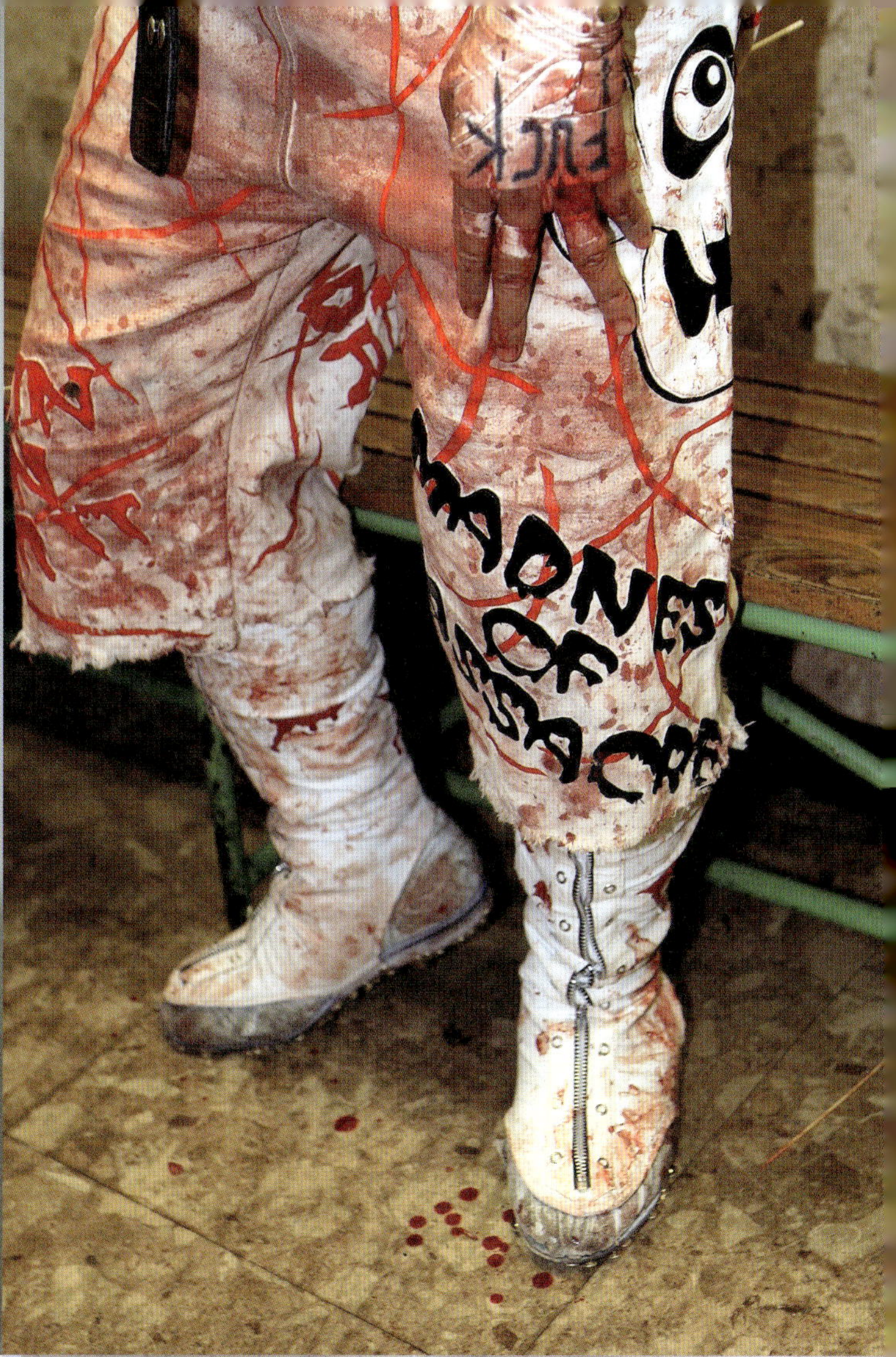
FUCK
MADNES
OF

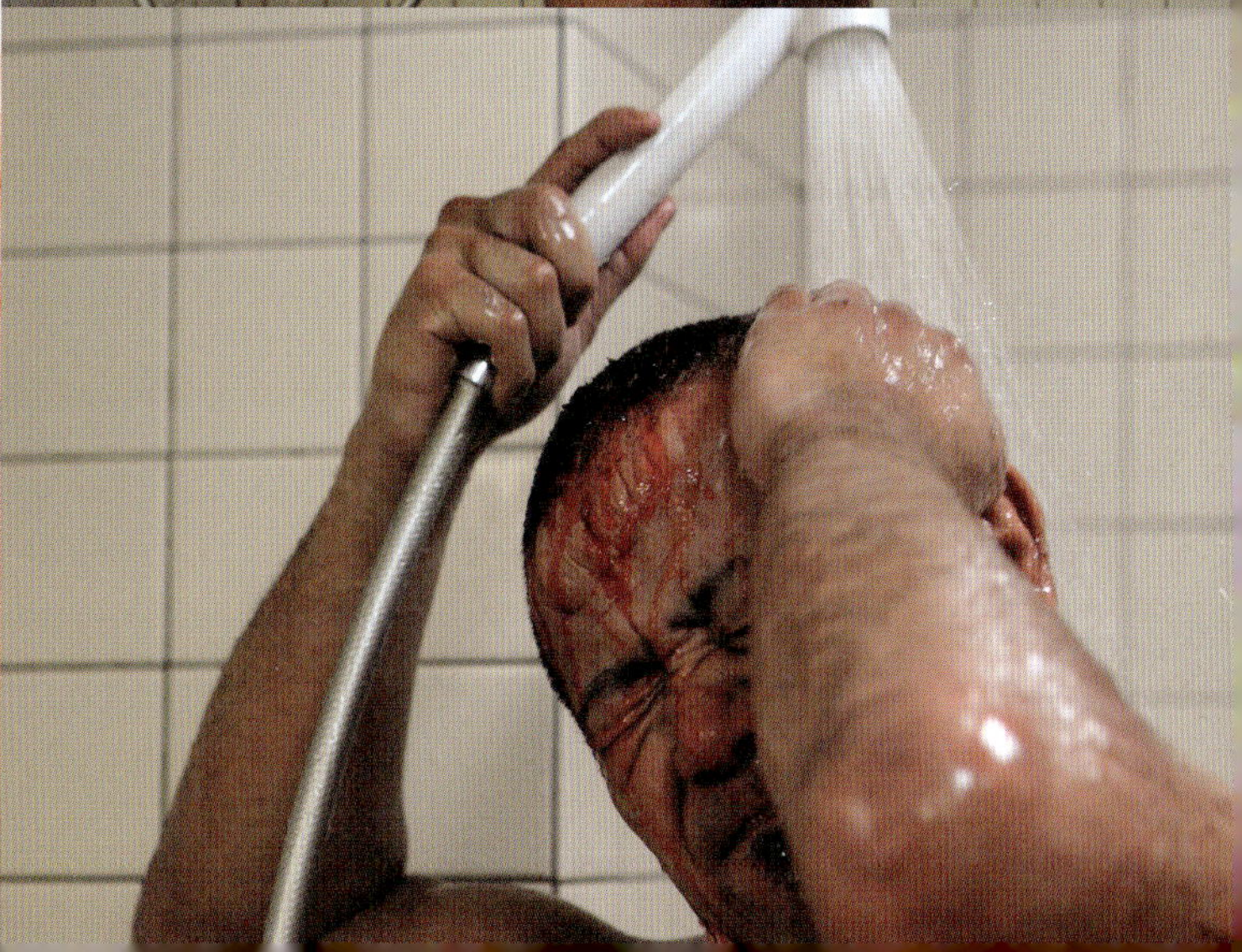

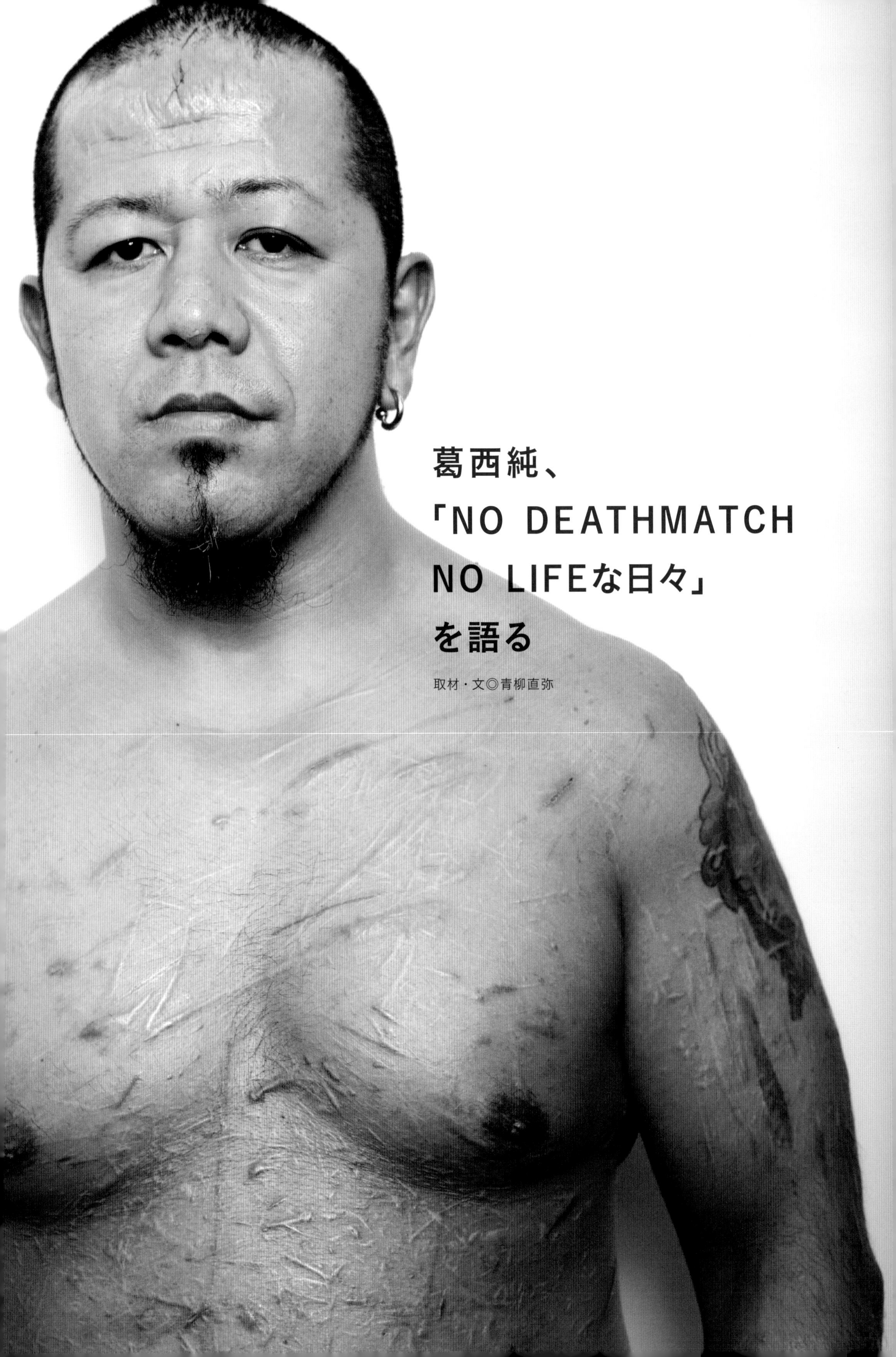

葛西純、「NO DEATHMATCH NO LIFEな日々」を語る

取材・文◎青柳直弥

デスマッチをやる理由？　誰がどう見ても痛い、ちゃんと痛みが伝わるプロレスをやりたかったんですよね。

死ぬときに後悔しないようプロレスの道へ

——もともとデスマッチのような過激な試合形式に惹かれる下地はあったんですか？

「小さい頃からプロレスが好きで、『いつかは俺もプロレスラーになってやろう』という思いが強かったんですけど、いざ自分がプロレスラーになれたとしても、流血したりデスマッチのような試合をしたいと思ったことはなかったですね(笑)。まあ、小さい頃は、ですけど」

——そんな葛西さんがデスマッチに足を踏み入れたきっかけのようなものはあるんですか？

「自分がプロレスを好きになったのは、亡くなった親父の影響なんですよ。親父もプロレスが好きで、いつも一緒に観てたんですけど、こっちは子供ながらにすごい真剣に観るじゃないですか。その横で親父は、『今の技、当たってねえな』とか『今の技、そんな痛くねえだろ』って茶々を入れる、すごい嫌なタイプのプロレスファンで。だから、俺がプロレスラーになった暁には、親父にそういうことを言わせないような、誰がどう見ても痛い、ちゃんと痛みが伝わるプロレスをやりたかったんですよね」

——確かに、葛西さんのプロレスは誰がどう見ても痛みの伝わるプロレスですからね。とはいえ、当初は「痛みの伝わるプロレス」＝デスマッチではなかったわけですよね？

「なかったですね。一番最初に入門テストを受けたのは『(格闘探偵団)バトラーツ』という団体で。デスマッチとは対極のスタイルなんですけど、バチバチでパンチやキックを入れ合う団体だったんで、そこに入門しようと思ったら書類選考で落ちまして……。落ちた理由？　身長もあるでしょうし、格闘技歴もあるでしょうし、年齢も23歳でしたからね。あと、作文を書かされたんですけど、今思うと、その内容もダメでした。自分、文才がないんで」

——ちなみに、バトラーツを受けた時点で格闘技のキャリアはどのくらいあったんですか？

「高校2年生から柔道部に2年入ってた程度なんで、ないに等しい感じです。あとは高校のときに街のボクシングジムに1年通ったり、そのくらいですね。ただ、そのときからプロレスラーという明確な目標はあったんで、自宅で体鍛えたりはしてましたけど」

——なるほど。23歳でバトラーツを受けるまでは、どういう生活をされていたんですか？

「実家が北海道なんですけど、帯広の高校を卒業してから、上京して警備会社に就職したんですよ。でも、そのガードマン時代にいろいろありまして、会社を辞めてバトラーツを受けて」

——その「いろいろ」というのは、当時、風俗狂いだった葛西さんが体調を崩したときに、『もしかしたら俺、エイズかも……』と思ったという話でしょうか？

「そうです(苦笑)。エイズで死ぬかもしれないから、検査を受けてエイズじゃなかったら、死ぬときに後悔しないよう、もともと好きだったプロレスラーになろうと思ったんですよね」

——そんなに風俗に行ってたんですか？

「行ってました(笑)。若かったんで、給料が入ればまずは風俗。あとはプロテインを買って、会社の連中と飲みに行って、それでもう給料がなくなるような感じでした。ガードマンの仕事は結局3年くらいで辞めちゃったんですけど、風俗とか通ってても蓄えは150万円ぐらいあったんで。警備会社を辞めて1度実家に帰って、貯金を食いつぶしながら実家近くの体育館で1年間トレーニングをして、バトラーツに書類を送ったんです」

——そこまでしたのに、あっさり落とされて。

「はい。そのときに、普通にこんなことしてたらダメなんじゃねえかと思ったんですよ。それで当時、バトラーツとは対極ですけど、『デスマッチ』という痛みの伝わるプロレスで売ってた大日本プロレスを受けてやろうと。そう思って、アポなしで履歴書だけ持って飛行機に乗って東京へ飛んだわけです」

——はあ〜！　それまで、実際にデスマッチを生でご覧になったことはあったんですか？

「FMWとかは観てましたけど、大日本は生観戦したことなかったです。当時は松永光弘さんが大日本プロレスでデスマッチをバリバリやられていたし、自分は自分で『痛みの伝わるプロレスをやれるなら』ということで」

——とはいえ、デスマッチはやりたくないと思ってたわけで、結構覚悟がいったんじゃ？

「そのときはもう吹っ切れてましたね。何がなんでもプロレスラーになってやろうという頭しかなかったんで。それで東京に戻ってきてから、後楽園ホールで大日本の興行がある前日に、公衆電話から電話したんです。『入門テストを受けたくて北海道から来たんですけど、明日の後楽園ホール大会の前にテストを受けさせてくれないでしょうか？』と。そしたら意外にもあっさり、『あ、いいですよ』みたいに言われまして」

——身長すら聞かれることもなく(笑)。

「聞かれなかったですね。で、『会場設営が大体16時ぐらいに終わるから、それぐらいに来てください』と言われて、後楽園ホールで入門テストを受けて合格した感じです」

——わりとあっさり受かったんですね。

「あっさりでもなかったですけどね。試験後は『合格かどうかまだわからない』って言われて帰されたんで、北海道に一度戻って。『合格でも不合格でも、とりあえず電話連絡はします』と言われてたんですけど、待てど暮らせど連絡が来ないんですよ……。で、その試験から2、3カ月経って、今度は大日本の巡業がたまたま帯広のほうに来たんで、テストは全部できて自信もあったし、合格か不合格かだけ直接聞きに行こうと思って会場に行ったら、『あ、合格合格』って言われて。『なんでこんなに連絡が遅れたんですか？』って聞いたら、今はもう引退された山川竜司さんが自分の履歴書をなくしたことで連絡が取れなかったと。それで3カ月ぐらいほったらかされたんですよ。入門テストを受けたのが3月の末か4月の頭で、6月の末に入寮したんで」

——そのときから「いずれデスマッチをやりたい」みたいなことを訴えたりしてたんですか？

「そのときはまったくないですね。ただ、ぶっちゃけ今よりも体をつくってたし、全然デカかったんで、『いいなぁキミ、体できてるし』とは言われました」

——そこから練習生としての日々が始まったと。その頃は、他にどんな選手が？

「そのときいたのが本間朋晃、藤田ミノル、アブドーラ小林ですね。自分が一番後輩なんですけど、一緒に入った同期も3人いたんですよ。あの頃は、みんな2カ月半でデビューさせられたんですけど、ひとりはデビューの前日に、残りのふたりはデビューできたのに辞めちゃって……」

——葛西さんは、辞めようと思ったことは？

「まったくなかったですね。練習はつらかったけど、帯広でトレーニングしてるとき、トレーニング仲間のオジサンに『俺はプロレスラーになって立派になるまで帯広には帰らない』って言って自分を追い詰めてた部分があったんで。死んでも帰らないと誓って、自分を追い込んでました」

——葛西さんがプロレスラーになることに、ご両親はどんな反応だったんですか？

「母親は『そんなことしないで、ずっとガードマンやってりゃよかったのに』なんて言ってましたけど、プロレス好きな親父は結構喜んでましたね」

ホントにやりたかったこと＝デスマッチ

——デビューされて初めてのデスマッチって覚えてます？

「最初はデビューして1年ちょっとですかね。後楽園ホール（99年10月17日）で、自分とジ・ウィンガーが組んで、松永光弘&山川竜司と机や椅子、有刺鉄線だったりのハードコアマッチをやって。その試合で評価を得た感じです。デビューしてからの1年半というのは、ホントにごくごく普通の若手の試合しかやってなかったんで、試合当日まですっごい楽しみでしたね。早くその日が来ねえかなと思ってました」

——大日本に入って、先輩たちがデスマッチをやってるのを見て、「俺もやりてえな」みたいな思いがだんだん芽生えていったんですか？

「もう入門するときからですよね。大日本プロレスに入門するからには、トップを獲るためにデスマッチは避けて通れない道なので」

——実際やってみて、初めてのハードコアマッチはいかがでしたか？

「ボロッボロにやられながらも、『これが俺のホントにやりたかったことだ！』って思ったんですよね。会場もすごい沸いたし、めちゃくちゃ充実感があって。自分、負けて試合後のリング上で泣いたんです。お客さんは『ああ、あの若者は悔しくて泣いてるんだな』って目で見てたと思うんですけど、実際は嬉しくて泣いてたんで(笑)。そこからして、少し変わり者なんでしょうね、俺は」

——以降、葛西さんもデスマッチ路線に組み込まれていくことに。とはいえ、デスマッチって普通のプロレスとは異なるスタイルじゃないですか。葛西さんが、デスマッチを通してファンに訴えかけたいことって、どういうことなんでしょうか？

「基本、訴えかけたいことっていうのはないんですよ。ただ好きでやってるんで。だから、自分が好きでやってることを観てもらって、お客さんに『明日から頑張ろう』とか、そういうふうに思ってもらえればいいかなと」

——確かに葛西さんの試合から僕らも勇気をもらってるんですけど、デスマッチという部分でちょっと踏み込むのに躊躇しちゃってるプロレスファンもいると思うんですよ。例えば、僕もデスマッチ未体験の女のコとか連れて行こうとするときに、どう誘ったらいいかって毎回迷うんで(苦笑)。「とにかく葛西がすごいから観てくれ」っていうのは言ってるんですけど。

「自分が一番思ってるのは、『あなたの知らない世界を見せてあげるよ』と」

——一番はそこですよね、やっぱり。ところで、葛西さんは、いつも「デスマッチ＝葛西純、葛西純が終わるときはデスマッチも終わるとき」みたいなことを言われてるじゃないですか。

「そうですね、そういう気持ちが強いです。今もそうですし。だから、俺をデスマッチに駆り立てる原動力は何かといえば、自分はとにかくデスマッチが好きでやってるし、そのデスマッチのトップという座を誰にも渡したくないという気持ちですかね。好きな女性がいたら誰にも渡したくないと思うじゃないですか。それと一緒で」

——なるほど。実際、葛西さんは「デスマッチのカリスマ」という称号を得ているわけですが、とはいえ、自ら「デスマッチ＝葛西純」と公言するということは、当然、ファンの葛西純に対する期待値も上がりますよね。そこの部分は、ご自身的にはどうですか？ ファンって「もっともっと」ってなるじゃないですか。

「なりますね」

——その辺は、言い続けるツラさみたいなものはないですか？

「全然ないです。自分が好きでやってることなんで」

——そこは一貫してますね。かねてから葛西さんは、スポーツライクなデスマッチを否定されてますけど、葛西さんの理想とするデスマッチってどういう試合なんですか？

「だんだん歳とともに変わってきましたけど、昔は、お客さんをドン引きさせるようなデスマッチというのを理想としてましたね。それこそ10年以上前、沼澤邪鬼と組み始めた頃はそんなことを考えてました」

——若手でデスマッチを始めた頃から、インタビューとかで、「とにかくキ○ガイみたいな試合がしたい」ということをおっしゃっていて、いろんなデスマッチアイテムにしても、葛西さんが初めて使用したものが多かったと思うんですけど、そういうアイテムも自分の理想とする試合に近づくために考えていったわけですか？

「そうです。カミソリなんて特にその象徴みたいなもんですよね」

——カミソリといえば葛西さん、みたいになってますもんね。カミソリの使用はどういうところで思いついたんですか？

「だいぶ昔から考えてはいたんですけど、一線を越えられない部分があったんですよ。『カミソリボードやったらすげえだろうな』とは思いつつ、デスマッチとはいえ相手あってのものなので」

——相手も同じ覚悟を持っていないと。

「そうですね。やりたくても、そういう相手がいないと。そんなことを考えてるときに沼澤邪鬼とのシングルが横浜文体（横浜文化体育館）で組まれたんで」

——2005年6月8日、沼澤邪鬼デスマッチ七番勝負第6戦として行われた有刺鉄線ボード&カミソリ十字架ボード＋αデスマッチですね。

「ええ。ヌマだったらイケるんじゃないかなと思って。『カミソリ？ ちょっと勘弁してくれよ』なんて相手とカミソリデスマッチやったって面白くもなんともない試合になっちゃいますからね」

——そこがデスマッチの難しいところというか、同じ覚悟を持ってリングに上がってくれる選手とじゃないと葛西さんの理想とする試合が……。

「できないですね。『うわ、勘弁してくれよ』なんて逃げ回ってばっかりいる相手とやりたくないですから」

——やはり初めて使うデスマッチアイテムは、「これを使ったらどうなるかな？」みたいなシミュレーションを常日頃からされるんですか？

「シミュレーションというか、考えたりはしますね。これにぶち当たったらどうなっちゃうんだろうとか。恐怖心半分、ワクワク感半分みたいな。自分が突っ込もうとは思ってないですから」

——そうですよね(笑)。葛西さんが今まで考案されたアイテムってどれくらいあるんですか？

「そんなに数はないです。カミソリボード、あとはノコギリラダーボード、最近だと竹串ボード。竹串はMASADAって選手が束で持ってきて頭に刺す、というのはよくやってたんですけど、それをボードにしたのは自分が最初です」

——どのアイテムも間違いなく僕らの想像の及ばない痛みだと思うんですけど、これまで予想外にこたえたというか、これ結構ヤバいなって思ったアイテムってありますか？

「全部が全部痛いんで一番は決められないですけど……ヤバいなと思ったのは、やっぱり火ですね。ファイヤーデスマッチ。自分も5回か6回やってますけど、火はヤバいです。単純にファイヤーデスマッチは、いい試合になる確率が低いんですよ。やっぱり読めないんで。有刺鉄線ボードなりカミソリボードは置いたら置きっぱなしになってますけど、火というのは点いたら燃え上がるのか、それともスーッと消えちゃうのか読めないので難しいんです」

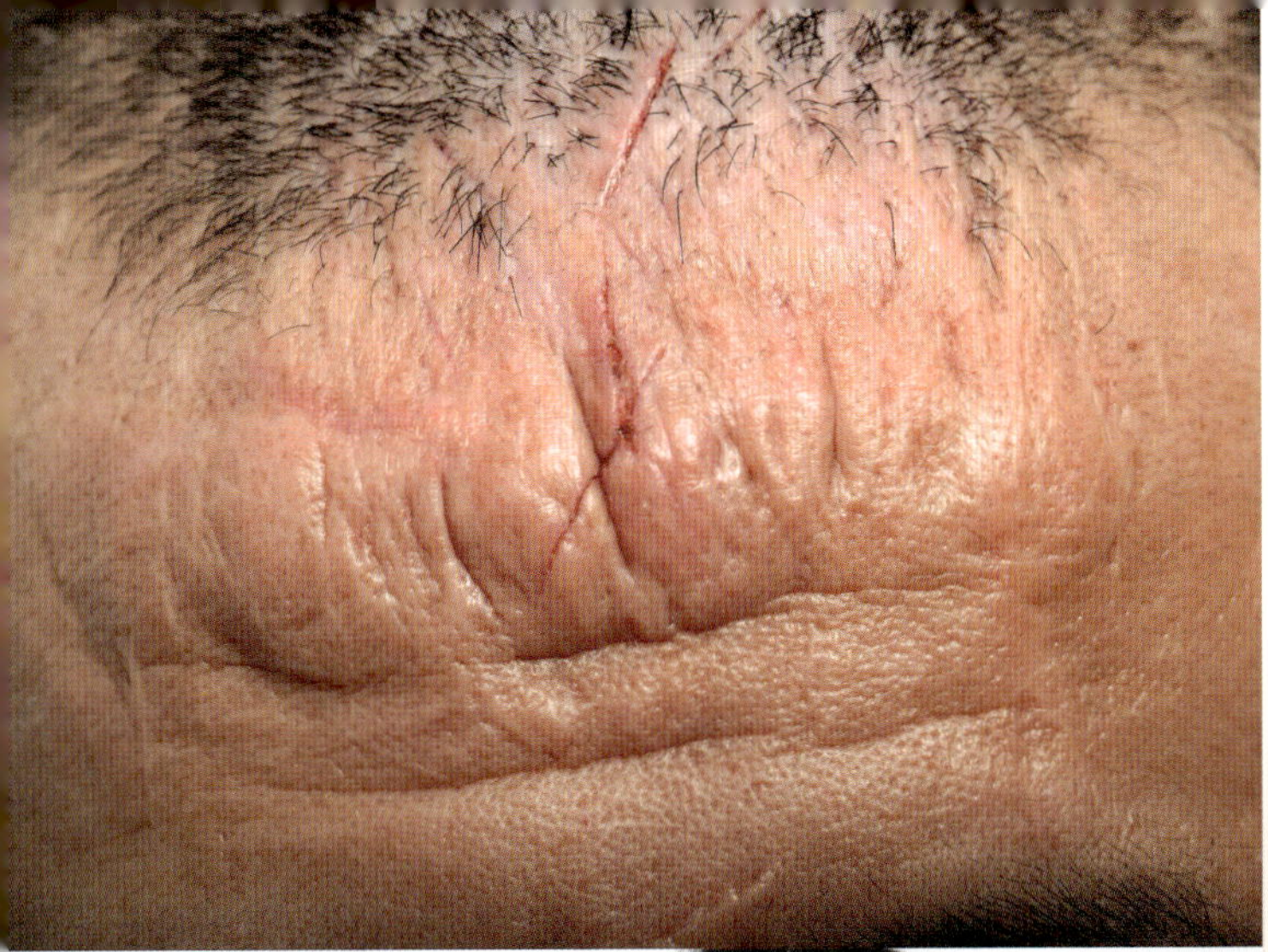
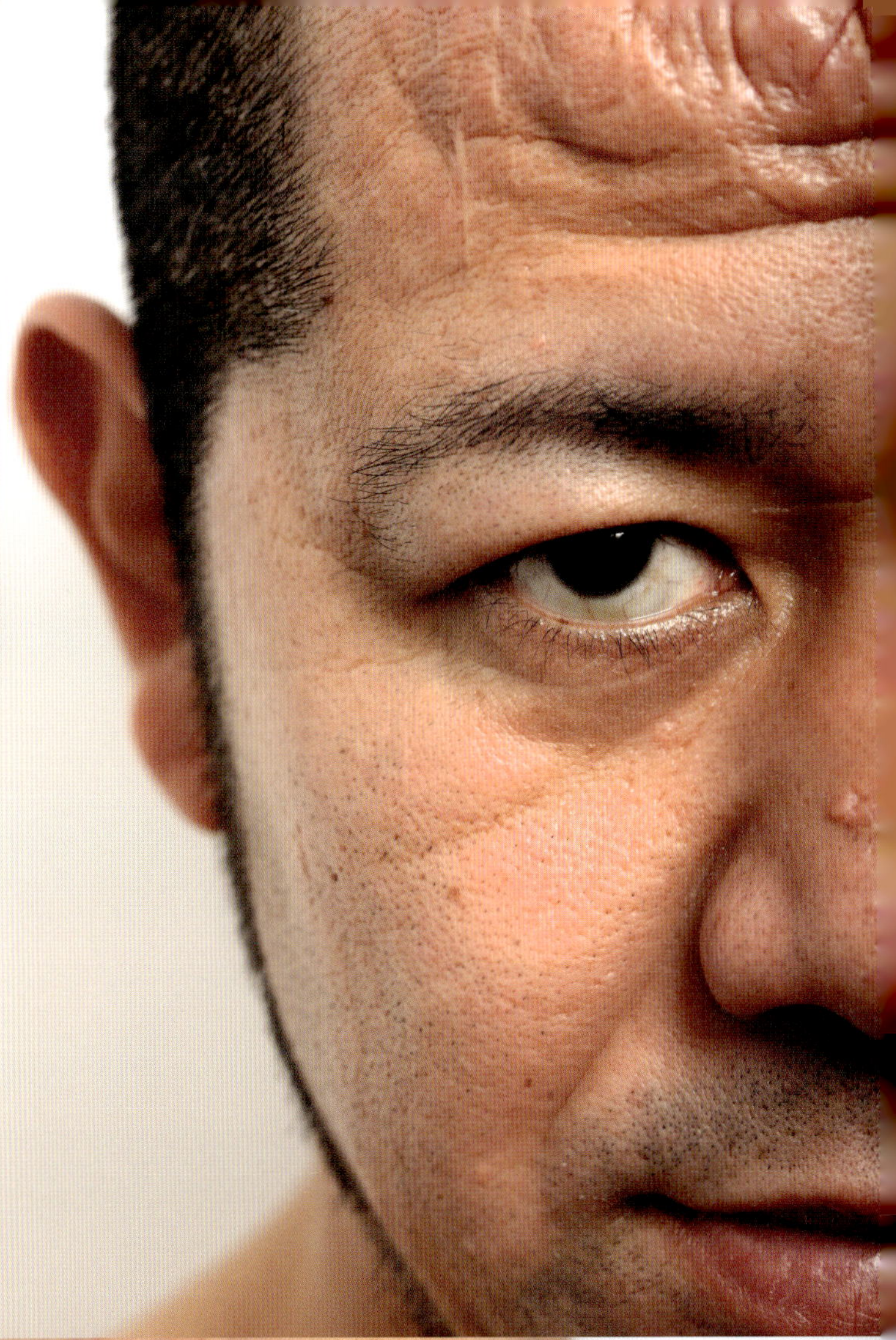
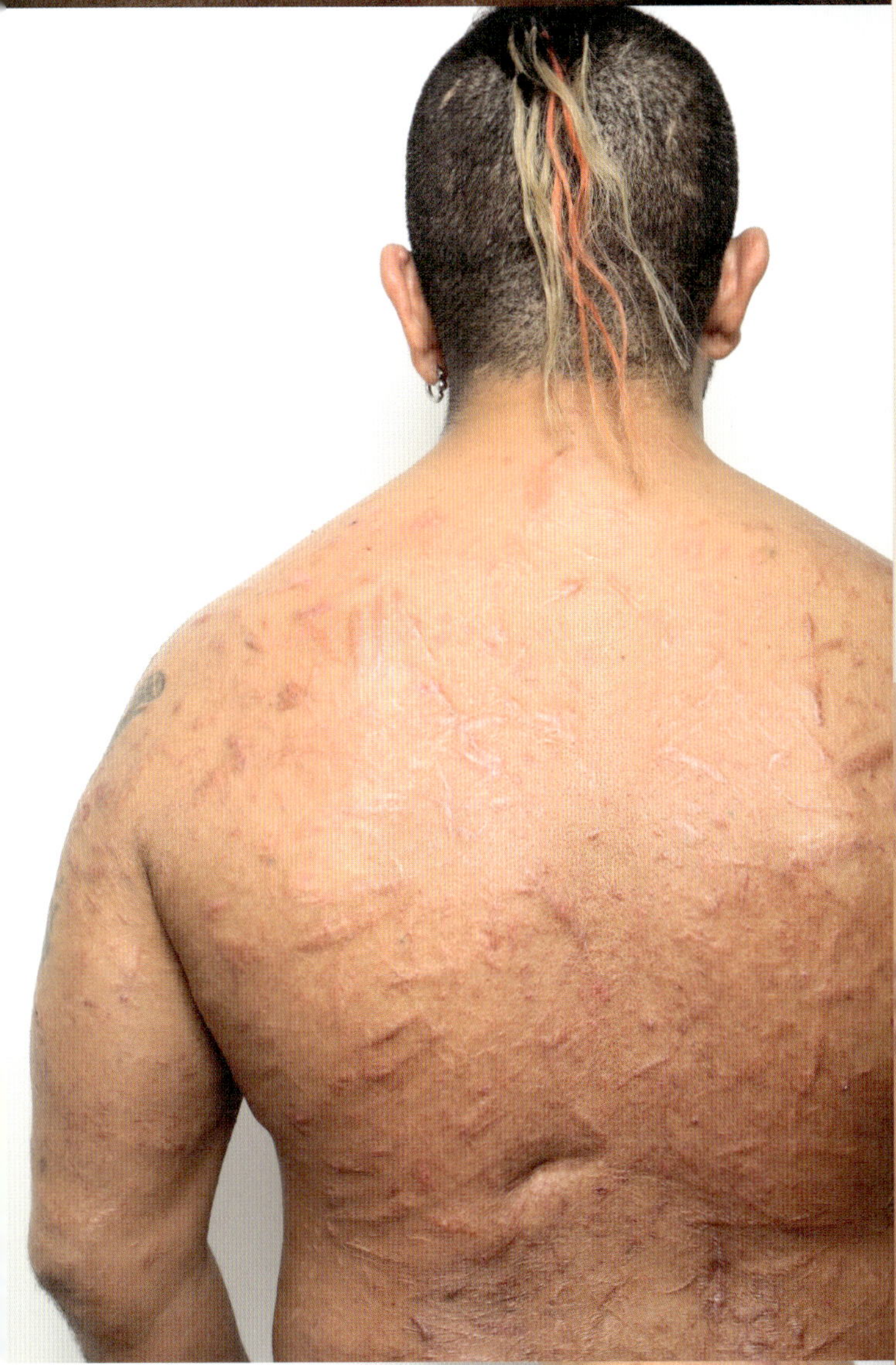
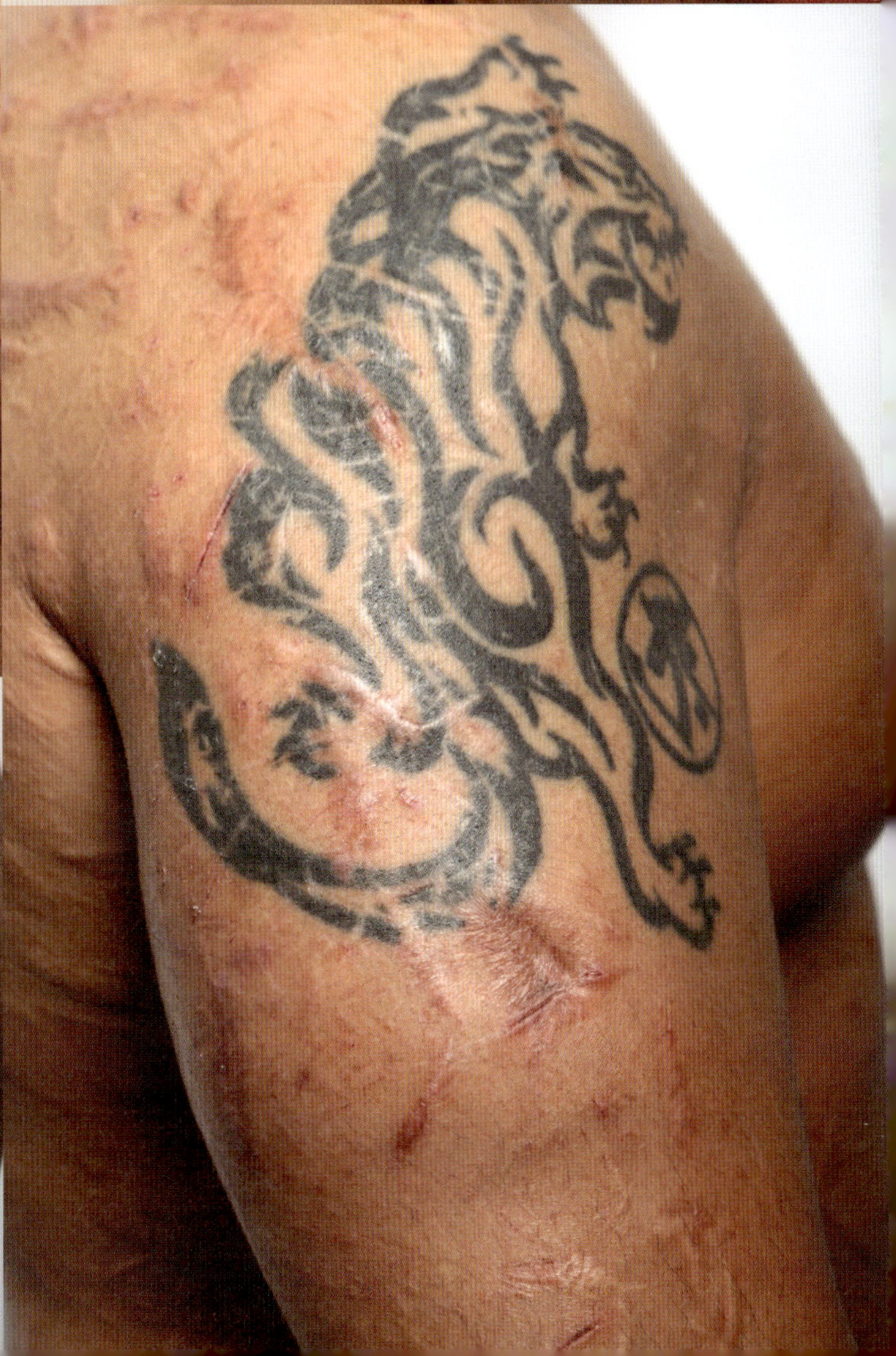

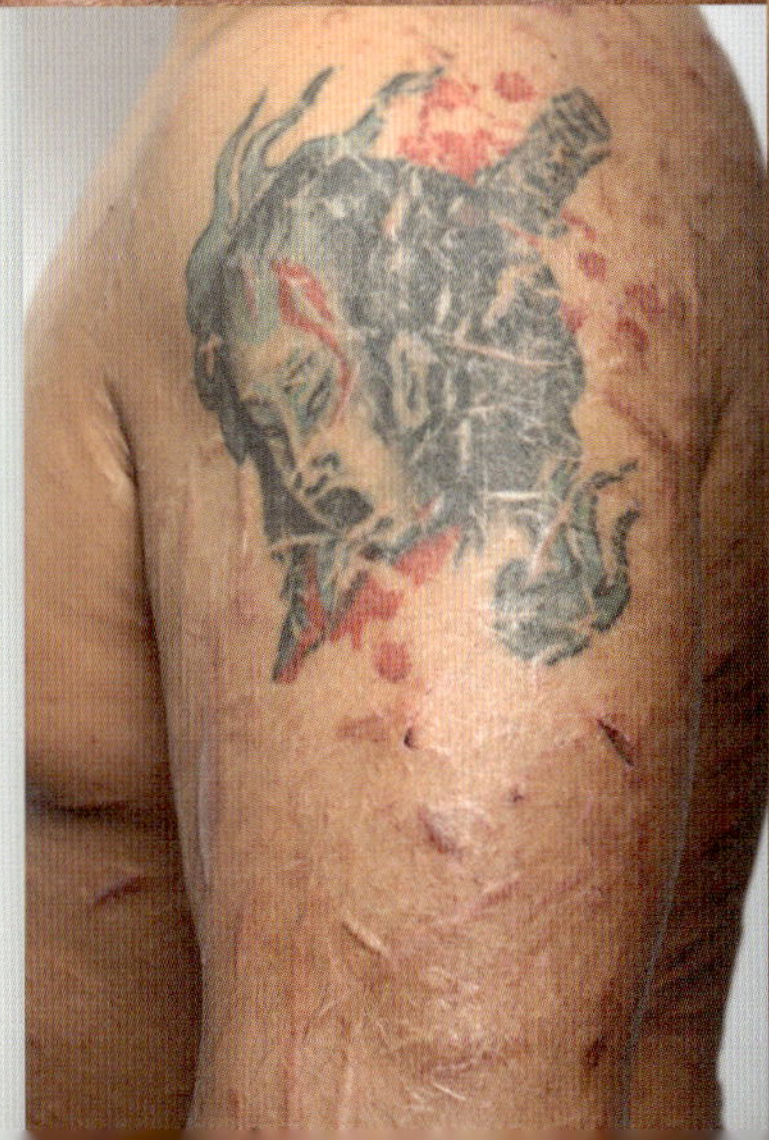

死を連想させるリングから生きて帰るデスマッチ——キャリアを積むにつれ、そういうのが自分の理想になってきました。

怖くなる前に飛ぶ！ 兇器に突っ込む!!

——葛西さんのブログを拝見していると、試合翌日に「身体中が痛くて朝早く目が覚めた」みたいなことが書かれたりしてますけど、試合当日は、痛くて眠れないこととかもありますよね？

「ああ、全然ありますよ。寝返り打てないとか」

——そういう夜って、どういう思いで過ごされてるんですか？

「『寝れないなー』ぐらいの感じですね（笑）。大きいデスマッチをやったあとって大体そんな感じなんですけど、身体中が痛いのと、あとはアドレナリンが引かないんでしょうね。試合中、アドレナリンがバンバン出まくっちゃってるんで」

——覚醒した感じがずっと続くんですか？

「そうですね。だから寝付けないっていうのもあると思います」

——デスマッチを終えられた後にお酒は？

「普通に飲みますね、お酒大好きなんで。家でも、ほぼ毎晩飲んでますし、縫うようなケガをしようが関係なく飲んでます」

——普通は病院で止められますよね、「今日は飲まないで」って。そんなの全然関係ないですか？

「関係ないですね。お酒を飲んで傷口がよけいに痛むこともないです。よく、お酒を飲むと血の巡りがよくなって、血が止まらなくなるって言いますけど、自分の場合は止まりますから」

——病院の先生にビックリされたみたいな話もありましたよね？

「はい。去年の夏（2015年8月28日・後楽園ホール 葛西純プロデュース興行）ですかね。シクロぺっていう選手とデスマッチをやったんですよ。ラダーに板を貼りつけて、その板にノコギリの刃を上にしたノコギリラダーボードというのを初めて登場させて」

——それも葛西さん考案ですか？

「はい、自分が考えて。その上に相手を投げるつもりが、見事に相手に投げられちゃったんですね。それで右肩の上を8針ぐらい縫ったんですよ。それが夏場だったんですけど、『縫ったからいいや』と思って、消毒とかせずにほったらかしてたら化膿してバンバン膿んじゃって、腕も上げられないぐらい痛くなっちゃって……。家の近くの外科に診せに行ったら、『あんた無茶するねえ、よっぽど不潔にしてたんだね』と。確かに絆創膏貼ったままトレーニングして、汗かいても替えなかったりしてたんですけど。で、『こんな無茶苦茶な化膿の仕方してたら1カ月ぐらい治らないよ。とりあえず明日も来なさい』って言われて、家に帰って、もらった薬を飲んで一晩寝て、翌日診せに行ったら、『あんたは動物か！　もうほとんど治ってるじゃないか！』って。70歳ぐらいのおじいちゃんの先生なんですけど、『こりゃたまげた』って言われました」

——すごい回復力ですね……。やっぱり身体にどんどん耐性がついてきてるんですかね？

「だと思います。十数年、年がら年中やってると、体がそういうふうにできてくるんでしょうね」

——でも傷は回復されるとは思いますけど、他のケガ、特に古傷の膝に関しては、ナーバスになったりすることもありますか？

「ニーブレスをガッチリしてやってますけど、試合中は膝への意識は飛んでますね。ケガしないよう安全に、とにかく膝を庇いながら……って考えてたら、今みたいなスタイルの試合はできないんで。正直、膝はすごい悪いですよ。ファンとかもそのことは知ってて、よく言われるんですよね、『葛西さん、膝悪いから騙し騙し続けるんですよね』って。でも俺、その『騙し騙し』って言葉がすごい嫌なんで。『騙し騙しやるようになったら、俺はプロレス辞めるよ』って言ってます」

——ファンとしては高いところから飛ぶ姿も観たいけど、心配でもあるんですよね。数年前、後楽園でバルコニーダイブ（※現在は禁止）をされたとき、泣きながら葛西コールしてるファンもいましたから。

「バルコニーダイブっていうのは、自分の中でプロレスを続けていく上でのボーダーラインになってるんですよね。バルコニーダイブを躊躇するようになったり、『バルコニーダイブ怖えな……』と思うようになったら、もうプロレス辞めるときかなっていうのはあります」

——でも毎回、怖いは怖いですよね？

「うーん……まあ、まるっきり怖くないとは思わないですけど、試合になれば全然できちゃいますから」

——葛西さんの名言で「怖いと思う前に飛ぶ」っていうのがありましたけど、カミソリボードしかり、デスマッチアイテムに突っ込んで行くときも、怖いと思う前に突っ込んじゃえ、みたいな？

「ありますね。怖いと思って変な受け方とかしたら、余計危ないことになっちゃうんで」

——とはいえ、想像以上にパックリいくときもあるんじゃないですか？

「ああ、あります。でも、焦ったりはしないですよ。もともと、そういうのを覚悟して闘ってるわけですから」

——葛西さんは、デスマッチとはいえプロレスが根底になきゃいけない、とよく言われるじゃないですか。「プロレスができるヤツらが、デスマッチやってるからすげえんだ」と。要は、プロレスの上位概念としてデスマッチがあるっていう。

「そうですね」

——そこは、すごく葛西さんに共感できるところで。実際、僕はもともとデスマッチが苦手で、でも葛西さんの試合を観てハマッたところがあって、プロレスのバチバチももちろんすごいんですけど、デスマッチってもっとすげえことやってるじゃん！って素直に思えるんです。葛西さんが伝えたいことは、もっといろんな人に観てもらえれば伝わるんじゃないかと思うんですよね。

「昔のデスマッチとか、アメリカのどインディーのデスマッチとか観てたら、やっぱり素人みたいなあんちゃんがやってたりするんですよね。そういうデスマッチって何も伝わらないんですよ。プロレスができる人間がデスマッチをやってこそ伝わる部分がある。メジャーの選手なんかに、たまに会ったりして『葛西選手すごいね。あんなことよくやってるね、俺らにはできないよ』とか言われると、『どうだ！』みたいな気持ちにもなるし。そういう意味では自分は胸を張って、デスマッチというものはプロレスの上にあるもんだって言いたいです」

——ホントそれは伝わってきます。だって葛西さんたちは、画鋲とか蛍光灯の上で普通に試合してますからね。だからこその説得力ですよね。

「デスマッチやってる人間でもね、『いやいや、デスマッチっていうのはパフォーマンスだけですよ。肉体と肉体でぶつかり合ってプロレスやってる人が一番すごいんです』って思ってるヤツも中にはいるんですけど、自分は絶対そうは思わないですね」

——デスマッチにそこまで誇りを持ててないってことですよね。

「要はそういうことですよね」

——ところで、葛西さんって『キン肉マン』とかお好きじゃないですか？　というのも、葛西さんたちがやってることこそ、超人同士の闘いなんじゃないかって思うんですけど、『キン肉マン』に多少影響を受けてる部分はありますか？

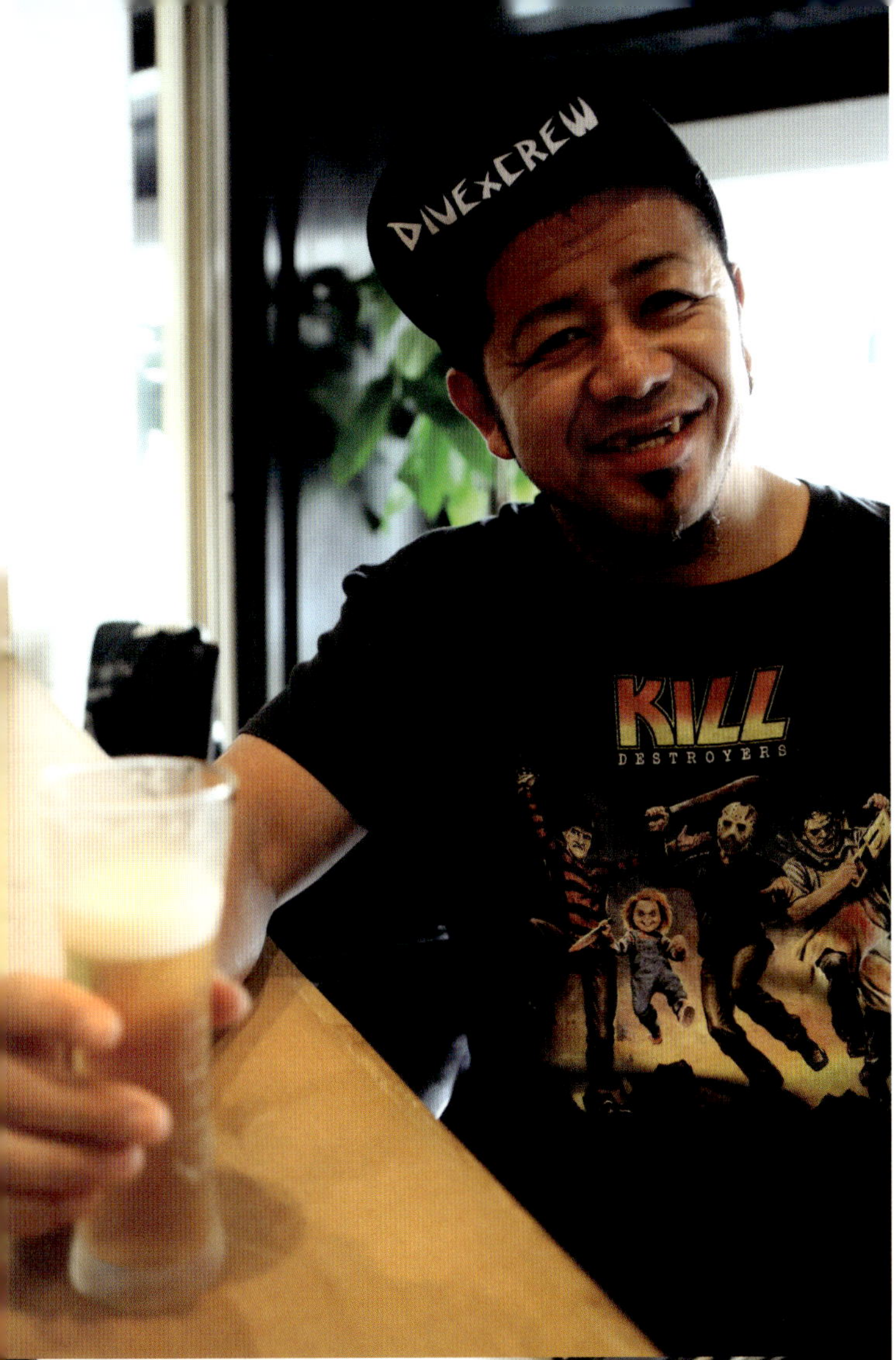

「やっぱり自分は『キン肉マン』世代の人間なんで、影響は相当受けてますね。自分の中のプロレスラー像がキン肉マンなんですよ」

――それこそ火事場のクソ力みたいな。

「それもそうですし、普段はダメでカッコ悪いんですけど、いざとなったら強くてカッコいいというか」

――その点、葛西さんは体現されてますよね。先日の正岡大介戦（2016年5月3日・後楽園ホール FREEDOMS興行※本書6～17ページ）も、葛西さん、今日ヤバいかな？ と思いましたもん。

「奇跡の逆転ファイターですから（笑）。キン肉マンがそうじゃないですか。普段はダメ超人だけど試合になったらすごいっていう。自分はキン肉マンに近づきたいから、ブログなりツイッターでも普段は子煩悩な、普通のどこにでもいるお父さんみたいなところをアップしたりしてて」

――あれは狙ってやってるんですか！

「そうですね、若干は（笑）。でも、試合になると全然違う人になっちゃうっていう。すべてはキン肉マンに近付きたい一心からですよ」

――やっぱりキン肉マンは重要なんですね。

「重要です、ホントに。だってカッコいいだけのレスラーに惹かれます？ 私生活もいい車に乗っって、毎晩いいもの食って、女にもモテて、リング上でもカッコいいって、そんなヤツに惹かれないですよね？ 飯伏幸太だって、ビジュアルはカッコいいかもわかんないですけど普段はあんまりハッキリしないような……（笑）。だけど、リングに上がっちゃえば、ああなっちゃう。飯伏もたぶんそういうギャップが魅力だと思うんで」

――では、先ほど葛西さんが言われた「若い頃は、お客さんをドン引きさせるような試合が理想だった」というデスマッチ観は、歳を経た今、どう変わってきたんでしょうか？

「ドン引きさせるだけがデスマッチじゃないな……と思い始めたんですよね。自分のデスマッチの根底にあるものは、お客さんが観て、『これは死んじゃうんじゃないか？』とか、『これちょっと危なくねえか？』って思う状況から、血だるまになって勝って、自分の2本の足で控室まで帰る。もっと言えば、血だるまで売店に行って物販をやって、シャワーを浴びて会場を出て、電車なり車を運転して家に帰る。そして、布団に入って寝る。そこまでがデスマッチだと思い始めたんです。若い頃はとにかくドン引きさせてやろう、すげえこと見せてやろうとしか考えてなかったんですけど、だんだんキャリアを積むにつれ、死を連想させるリングから生きて帰るデスマッチ、そういうのが自分の理想になってきました」

――生きて帰って寝るまでがデスマッチ！ 要は、日常と地続きのところに試合があるというか。

「そうですね。だってデスマッチのリングに入って大ケガして死ぬことなんて、そのへんのあんちゃんでもできますから。ただ、その一方で、お客さんが『うわぁ……』って引いたり、女子の悲鳴が上がるような瞬間もデスマッチになきゃいけないものだと思うんですよね。お客さんが『全然大丈夫でしょ』なんて思いながら観るデスマッチって、何の魅力もないじゃないですか。そこは、やっぱ『おいおい大丈夫なの!?』って思わせるのがデスマッチだと思うんで」

――葛西さんがデスマッチを続けていくうちに、

「嫌なタイプのファン」だったお父様は、プロレスに対する見方が変わられましたか？

「父親はもう何も言わなかったですね、『死ぬなよ』ぐらいで。自分が先に死んじゃいましたけど」

――お父様のひと言が葛西さんをデスマッチに向かわせた部分もあるし。

「そうですね、だから父親と俺の勝負は、俺が勝ったんです」

誰にも譲れないデスマッチファイターNo．1の自負

――葛西さん、デスマッチファイターの後継者が出てきてほしいみたいな思いはないんですか？

「さらさらないですね。自分がやってるうちは、やっぱ競い合う相手がいないと自分も燃えるものがないんで、そういう相手が出てきてほしいけど、自分がデスマッチをやめたあとに、デスマッチの地位を上げていってくれる若いヤツに出てきてほしい、っていうのはさらさらありません」

――カリスマはひとりでいいと。

「はい。自分がデスマッチを引退したら、『なんだ、葛西やめちゃったからデスマッチつまんねえや。もう観に行かね』って、みんなが言うようになるのが理想です。ブログなんかでも子供を可愛がってるとこを見せてるし、葛西純という人間はすごくいい人、って見方をとにかくされがちなんですけど、全然そんなことないですからね。自分でも自分の性格が嫌ですよ。なんて性格悪いんだと思いますもん」

――デスマッチを観に来たお客さんに、「葛西以外、記憶に残んないな」って言ってほしい、と言ってましたよね。

「もちろんです。あと、他の人間がデスマッチでいい試合をやってても、絶対誉めないですから。絶対誉めないし、『早く終われよ』って思いながら観てますよ。ワンツーで返してウォーッ、ワンツーで返してウォーッというのを舌打ちしながら、『いい試合すんじゃねえよ』って思いながら観てるし、彼らが終わって控室に戻って来ても、『いやぁ、いい試合だった！』とは絶対言わないです」

――書かないほうがいいですか、この話？

「いやいや、書いてください。それぐらい僕はデスマッチ愛があるんで、自分が一番じゃないと嫌なんです。他のことだったら、俺以外の誰かがどんだけ女にモテようが、どんだけお酒強かろうが、どうでもいいですけど、デスマッチだけは譲れないんで」

――そんな葛西さんが、プライベートで一番楽しいことって何ですか？

「家で家族といるときですね。それに尽きます。趣味も晩酌ぐらいしかないし（笑）」

――なぜそんなことをうかがったかというと、デスマッチをやめたあとの葛西さんがちょっと心配だなと思って。

「それは自分も心配です」

――デスマッチはやめても、普通のプロレスでやっていこうみたいな思いはないんですか？

「まったくないですね。デスマッチをやめるときがプロレスをやめるときです」

――誰か教えるとか、団体をやるとか。

「引退してプロレス業界に関わるみたいな形？　それも絶対ないです。嫌ですね。きっぱりやめて山奥に篭りたいです。近いところにいると、プロレスって麻薬なんで絶対復帰しちゃいますから」

――あ、きっぱり断ち切る自信がないから、あえて業界自体から遠ざかりたいと。

「はい。引退したとしても絶対復帰はしたくないです。あんなカッコ悪いものはないです」

――デスマッチファイターとして、葛西さんが現役のうちに果たしておきたいことはありますか？

「何だろう？　やってることがやってることなんで……とはいえ、知る人ぞ知るジャンルで終わるのは寂しいかな。今だって、電車に乗ってたりしても声をかけられることなんて1日に一回あるかないかだし」

――ホントですか？

「まあ、おっかない顔して歩いてるんで」

――もし話しかけたら、気さくに応えてくれるんですか？

「もちろん。むしろ電車で話しかけられたら、喋りながら一緒に移動したりっていうことも全然ありますよ」

――でも、そこで「じゃあ葛西さん、ちょっと飲みに行きましょうよ」って言われても行かないですよね？

「それは行かないですけど(笑)。結局、自分が好きでやってることなんですけど、プロ野球やゴルフ、サッカーの選手とかも好きでやってて、彼らはあんなにお金もらってるわけじゃないですか。だから、もうちょっと生活が潤って、もうちょっと有名になれれば万々歳かなとは思いますね。自分は金のためにやってるわけじゃないですけど、ないよりはあったほうがいいんで」

――実際、体を張ってそれだけハードなことをやってますからね。ちなみに、僕なんかは葛西さんのデスマッチを観ているうちに、普通のプロレスが物足りなくなってきちゃった部分もあるんで、つくづくデスマッチって劇薬だなと。

「プレイヤーの覚悟とか生きざまがあんなにハッキリ出るジャンルって他にないと思うんですよ。デスマッチって映画やドキュメンタリーよりも人間臭さが出るものだと思うんで。だからこそ、世の中の人にもっと知ってほしいです。街なんか歩いてて、たくさんの人とすれ違っても『絶対この人たち、デスマッチを知らないで死んでいくんだろうな』って思うんですよ。ほとんどの人がそうじゃないですか。だから、もっと知ってほしいし、観てほしいですね。ホント、デスマッチは人間ドラマですから」

JUN KASAI

かさい・じゅん：1974年9月9日生まれ。1988年、大日本プロレスに入団し、同年8月23日に鶴見緑地花博公園大会でデビュー。2000年、大日本と抗争を繰り広げるCZW軍に加わり、CZWジャパンを結成。その後、渡米するとCZWのリングで活躍。帰国後はヒールユニット「赤まむし」を結成して活躍するが、2002年に大日本プロレスを退団。ZERO-ONE、ハッスルなどのリングを経て、アパッチプロレス軍に所属。古巣である大日本のリングにも上がり、数々の名勝負を繰り広げるが、2009年にアパッチプロレス軍が解散すると、佐々木貴とともに新団体FREEDOMSを設立。同年11月20日、大日本プロレス後楽園ホール大会で伊東竜二と「カミソリ十字架ボード+αデスマッチ」を行い、この試合でプロレス大賞ベストバウト賞を受賞した。その後もFREEDOMSを主軸に様々な団体のリングで暴れ回り、現在に至る。
【オフィシャルブログ】http://ameblo.jp/deathmatch-monkey/

DIVExCREW
KILL

大日本プロレス

老舗団体が突き進むデスマッチの王道と進化

2016.5.5
横浜文化体育館
Endless Survivor

大会場を阿鼻叫喚の流血地獄と化す、デスマッチのエキスパート大乱戦！

大日本のエース＝デスマッチ王者、威風堂々

王者のプライドを懸け、狂気のエクストリームダイブ！

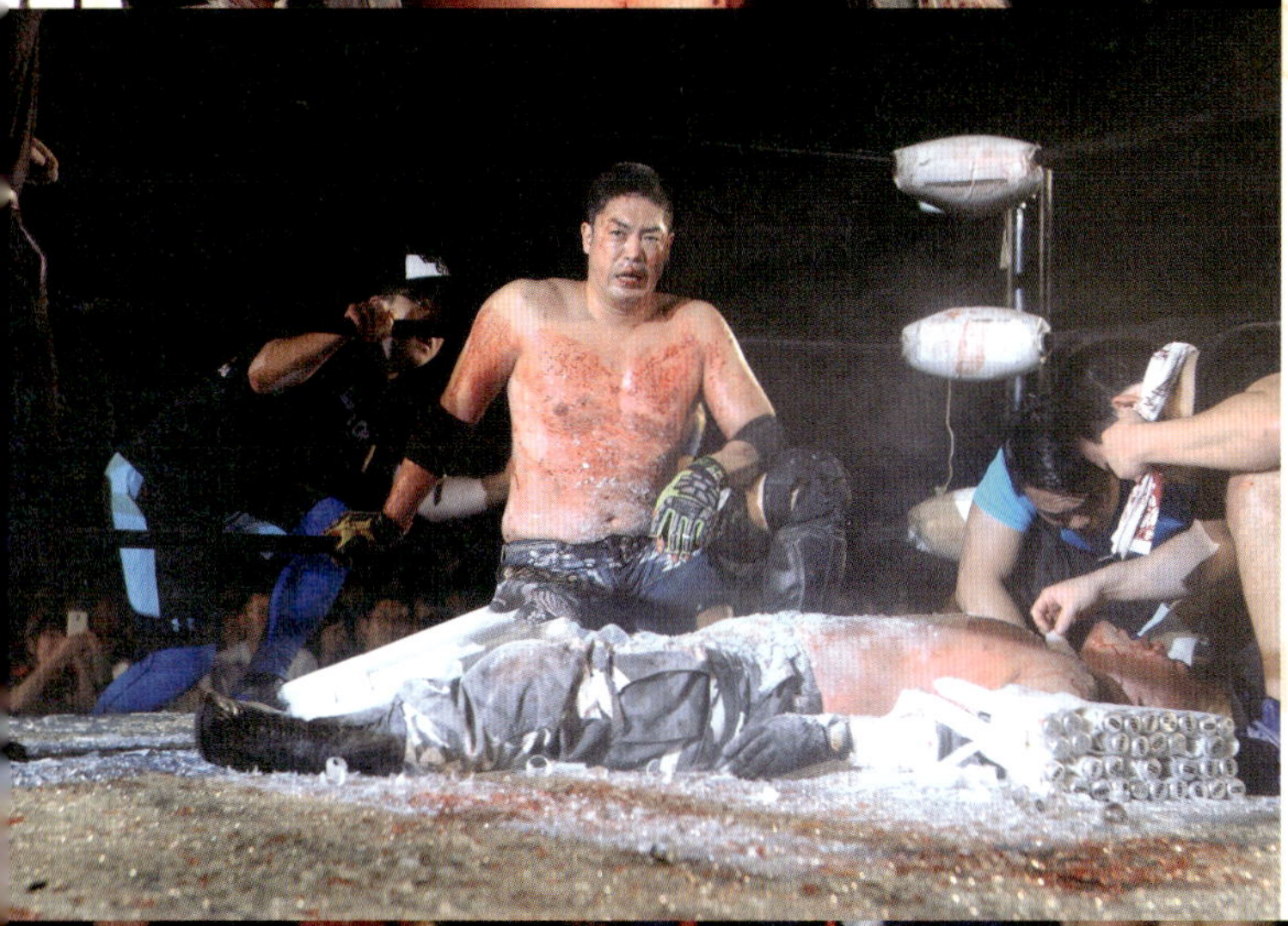

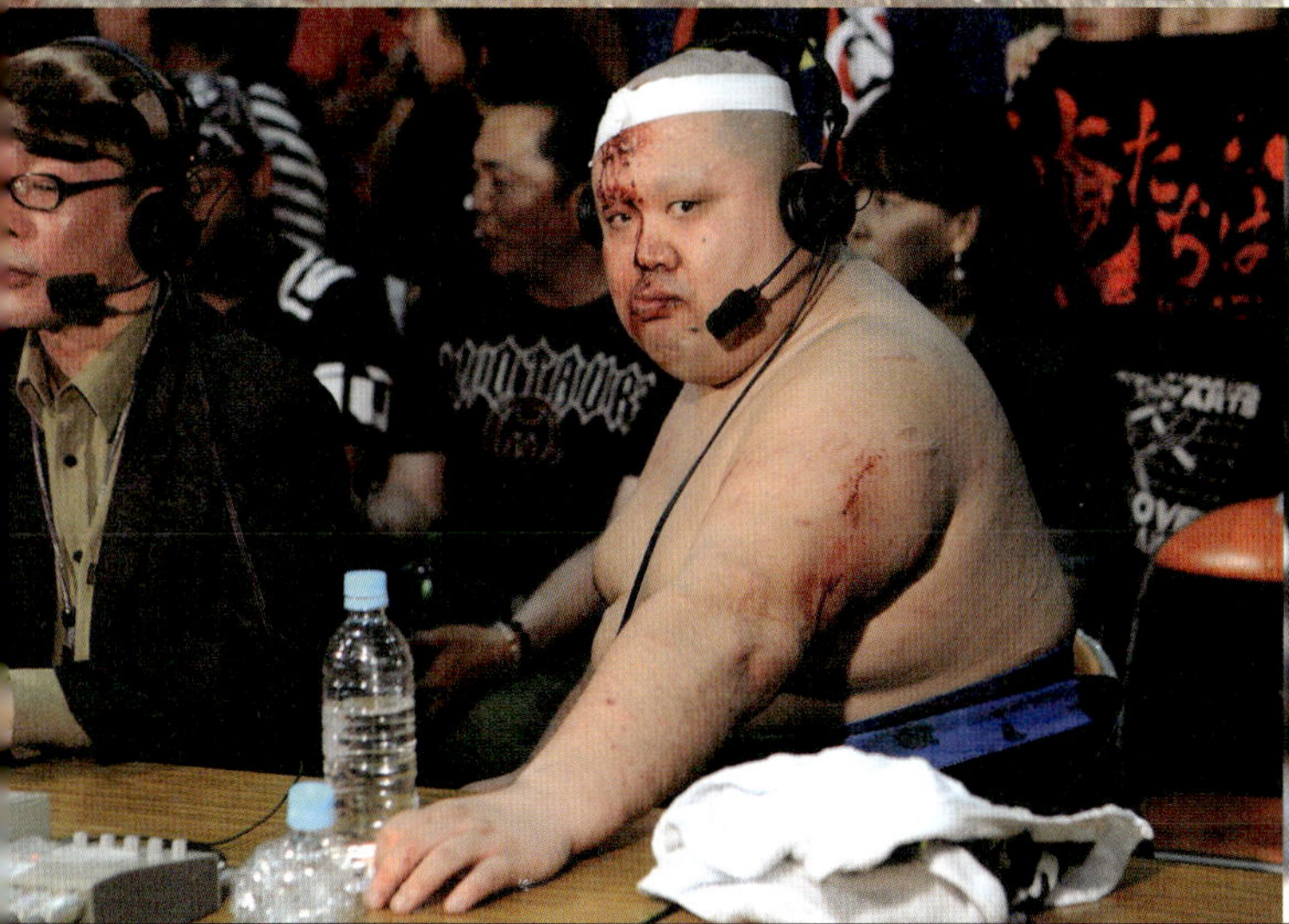

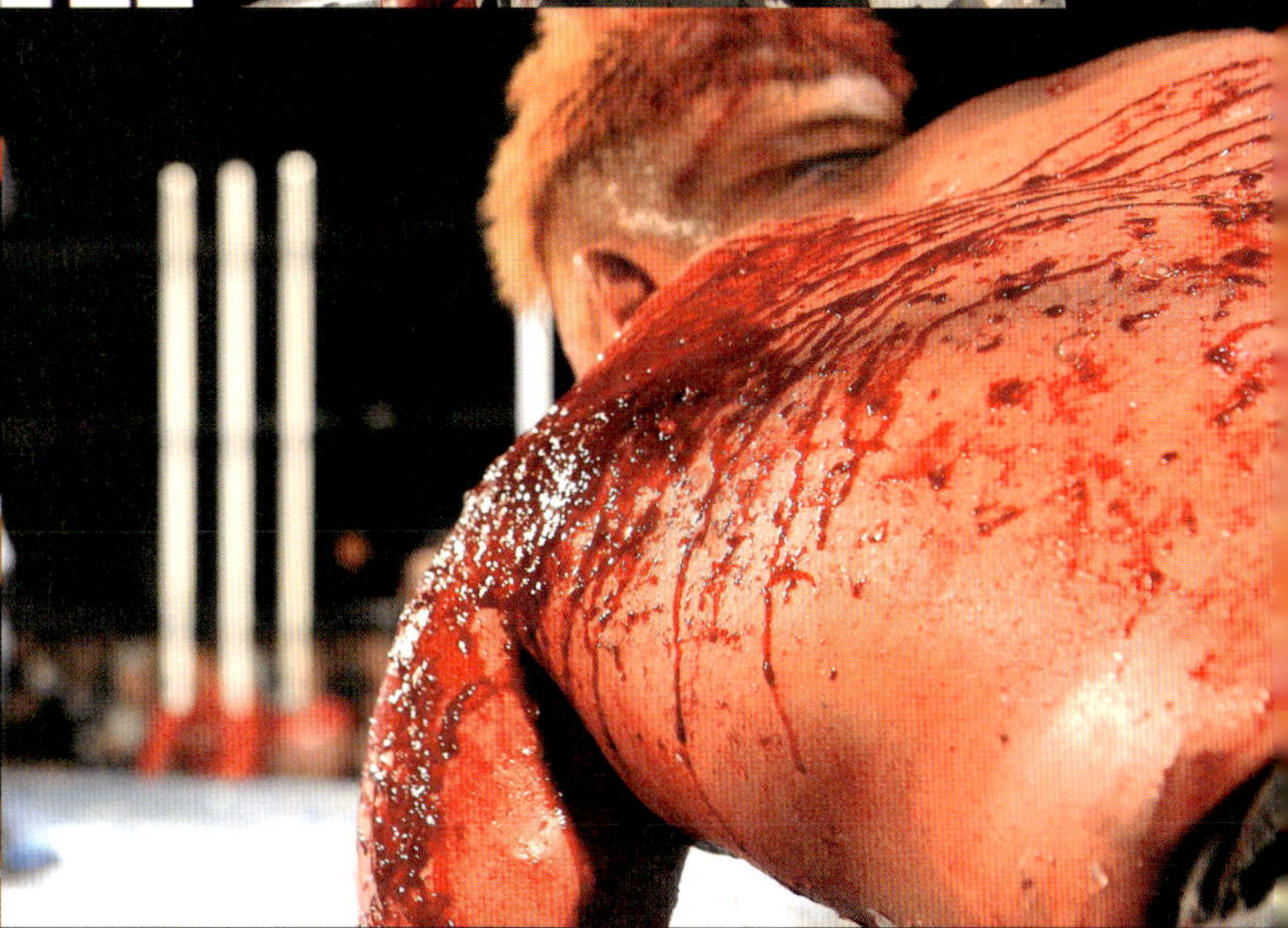

2016.7.24
両国国技館
両極譚
～ RYOGOKUTAN ～

老いてなお、ますます盛んなビッグボス！

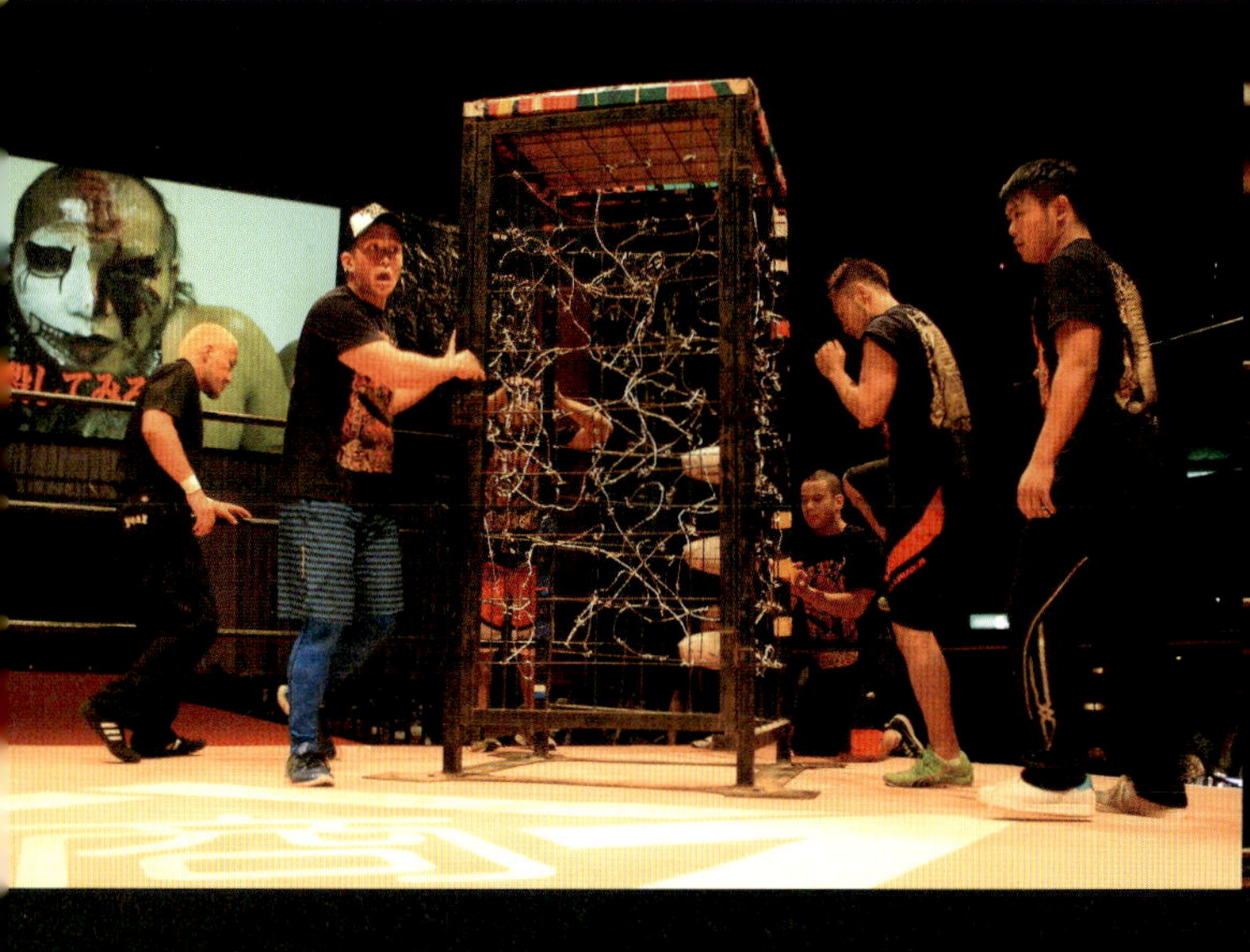

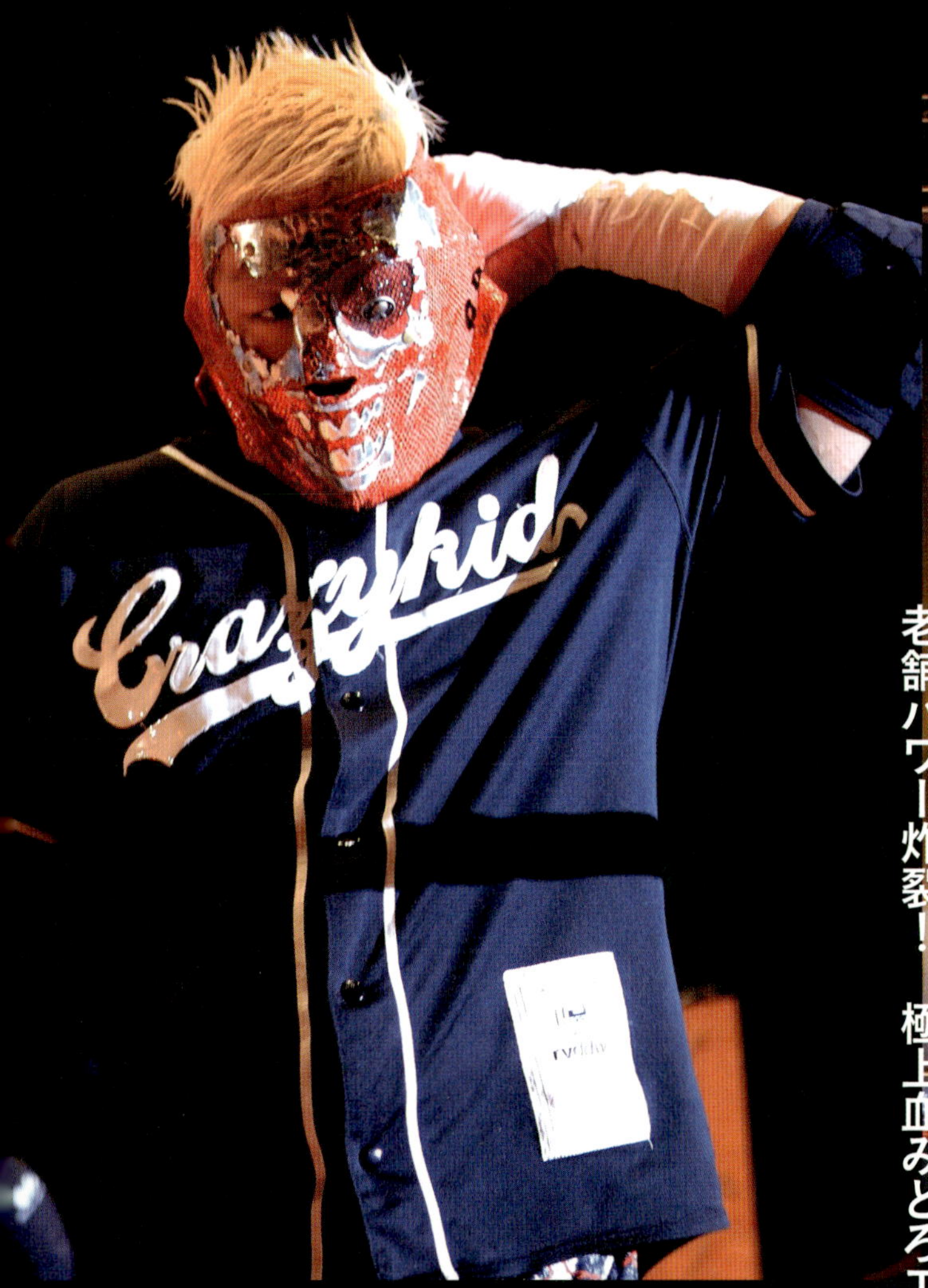

老舗パワー炸裂！　極上血みどろエンターテインメントに観客熱狂!!

植木
嵩行

デスマッチドラゴンが背負う王者の宿命

大日本プロレス

掟破りの逆注射！ 進化し続けるデスマッチ最前線に刮目せよ!!

伊東竜二

RYUJI ITO

BJW 01
DEATHMATCH KING

情熱と冷静のはざまで、
蛍光灯の海にダイブする不屈のデスマッチドラゴン

大日本プロレスの門を叩き、半ば成り行きでデスマッチ路線に進んだ男が、やがてトップに立ち、数々の名勝負を展開。その命題は〝常に観客の予想を超えること〟。その傷の数だけ身体を張り、凶器の数だけ知恵を絞り、ジャンルを牽引してきたエースが語る、デスマッチのすべて。

取材・文◎大谷 弦

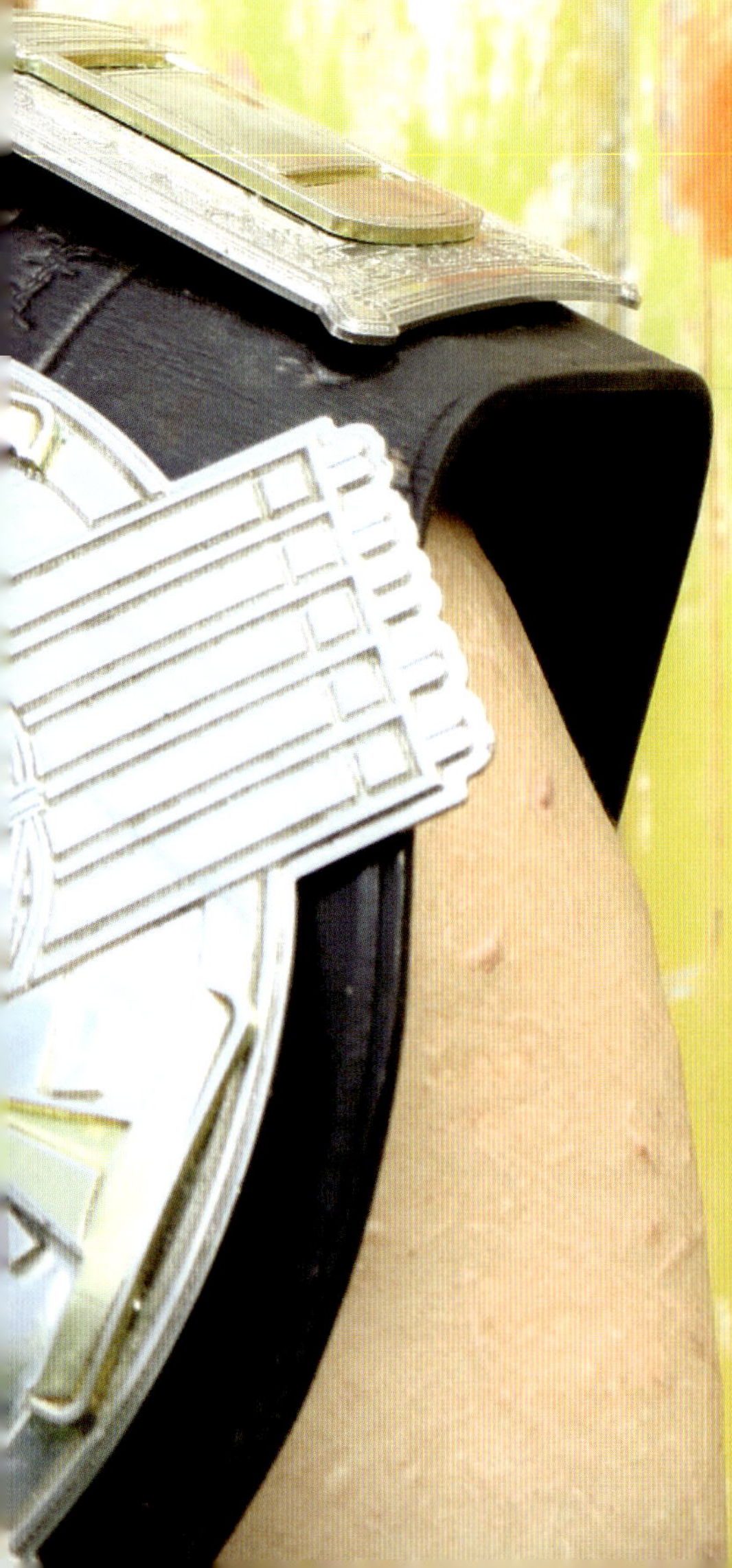

BIG JAPAN PRO-WRESTLING
DEATH MATCH
HEAVYWEIGHT CHAMPION

最初は、デスマッチの世界の隙間産業みたいにやっていけばいいかな、ぐらいにしか思ってなかった(笑)。

成り行きで始めたデスマッチ

――今やデスマッチ界に欠かせない存在の伊東選手ですが、最初はデスマッチ志望じゃなかったとか?

「まったくもってやる気はなかったです。ファンの頃はデスマッチも観てはいました。当時だとFMW、あとはW★INGの試合を雑誌で読んだりとか。でも、自分がやることはないだろうと思ってましたね」

――では、いわゆるストロング・スタイルを志望して、大日本プロレスに入門されたわけですか。

「プロレスラーになりたいと思ったときに、ちょうど大日本が募集してたんですよ。当時だと、藤田ミノルさんや、自分が入る前に抜けちゃったんですけど田尻(義博/現・TAJIRI)さんが活躍してるのを見て、いいなと思って、それで大日本に。テストを受けたら合格して、『じゃあ、一週間後に』という感じで、すぐに身の回りを綺麗にして入門という流れでしたね」

――デビュー戦は1999年の葛西純戦で、もちろん普通の試合形式。デスマッチとは距離を置いた形でキャリアを積んでいきます。いつぐらいからデスマッチに興味を持ったか、覚えていらっしゃいますか?

「興味を持つとかいう以前に、大日本は毎回デスマッチがありましたから、自然に受け止めてはいましたよね。特にウチは若手が準備するんで、有刺鉄線ボードやバットとかを作ったりするんですよ。それに試合中はセコンドに付くので、いつも一番近くでデスマッチを見ることになる。そうやってずっと見てるうちに『これは自分にもやれるんじゃないか』って気持ちが芽生えてきたんですよね。誰に言われたわけでもなく」

――それは、大日本ではデスマッチをやったほうが上に行けるみたいな、野心的な気持ちもあったんですか?

「いや、そこまでの野心はなかったですね。ただ、近くで見てて、やれるって気持ちだけで。当時は今ほど蛍光灯を使った試合もなかったし、イスとか有刺鉄線とかを使った試合が多かったので、これならできるかなって」

――で、そこからデスマッチデビューのために準備をしていったと?

「全然準備なんてしてないです。自分のデスマッチデビューは本当に偶然の産物で。岩手県で興行がありまして、自分は岩手出身なんで、その当時カード編成をしてたウチの社長の登坂栄児が、岩手だからちょっと伊東をメインで使おうっていう考えがあったんですね」

――あ、ご当地凱旋試合みたいな。

「そうです。でも、その興行そのものはグレート小鹿が仕切ってたんですよ。それで、地元の人から『メインで有刺鉄線とかデスマッチをやってくれ』って言われてたみたいなんですけど、それを登坂栄児に何も伝えてなかったんですね。で、当日、自分はメインに出るということを聞いてたし、有刺鉄線デスマッチだってことも聞いてたので、自分がやるものだって思いながら会場で有刺鉄線ボードを作ってたんですよ。若手の仕事なんで(笑)」

――両方の話を聞いてたら、そうなりますよね(笑)。

「そしたら、作ってるときに小鹿さんが来て『おお、今日は誰がやるんだ?』って感じで話しかけてきたので、『あ、自分がメインって言われてるんで、やりますよ』って話をしたら『何ィ?』って顔色が変わってササーッといなくなって。しばらくしてから小鹿さんが登坂栄児と一緒に来て『今からでもカードを変える。デスマッチをやる必要はない』って言われて。自分は『いや、大丈夫ですよ』って軽い返事をしたら、登坂栄児の目がキランと光って、『じゃあ今日の試合はやってもらうけど、それほどデカく発表もしないから、今度の後楽園ホールでデスマッチデビューってのはどうかな?』って。それで『わかりました』と返事したら、それからもうずっとデスマッチになったんです」

――ちなみに、岩手の初デスマッチはどんな試合でしたか?

「その試合はそれほどっていうか、ほぼ印象にない状態ですね。怖かったとか痛かったとかも覚えてないぐらい、なんとなく終わってしまったって感じで。そんなに注目された試合でもなかったし、雑誌にもほとんど載ってなかったと思います」

――その後、改めて後楽園ホールで正式にデスマッチデビューされたわけですが、そのときの試合形式は?

「おそらく、スクランブル・バンクハウスデスマッチだったと思います。有刺鉄線バットが公認凶器で、ホントにボッコボコに殴られました。全身が真っ赤になるぐらいボコボコにされたんですけど、なんとかその試合で最後に勝つことができたので、これはイケるんじゃないかと」

――やっぱり、お客さんの反応も違いました?

「それはやっぱり全然違いました」

――時期的に、大日本プロレスのデスマッチ戦線に新たなスターの誕生が待ち望まれていた頃ですよね。

「大日本もデスマッチも低迷してる時期でした。山川竜司がケガから復帰したけど以前のような勢いがなくて、本間朋晃も抜けちゃって。デスマッチファイターの層が薄くなったことで、シャドウWXもちょっと元気がなく、というところだったので」

――そういった意味でのプレッシャーはありましたか? デスマッチの次世代を担わなくては、みたいな。

「ハッキリ言って、なかったですね。デスマッチの世界の隙間産業みたいにやっていけばいいかな、ぐらいにしか思ってなかった(笑)。俺が変えてやる的なのもないし、大日本を救うとか、そういうのもなかったです」

――他の選手の反応はどうでした? 伊東がデスマッチ参入したぞ! みたいな歓迎とか、逆に反発とか。

「それも特にはなかったと思います。『おお、やるんだ』という程度で。こっちもそんなに気合いを入れてデスマッチを始めたわけじゃないんですよね。こういうところが、他人と比べてちょっと感覚がおかしいかなって自覚はしてますけど(笑)」

こだわりのデスマッチアイテム

――デスマッチ戦線で闘っていく中で、デスマッチならではの面白さや、やりがいを感じたりしましたか?

「これは普通の試合でも同じですけど、やっぱりデスマッチはいかにお客さんの予想してないことをやるかというのが大事だと思います。例えば、最初にいろんな凶器を持ち込むんですけど、試合を重ねてくるとお客さんもだんだん予想がついてくるんで、自分の場合はリング下からさらに何か出すんですよ」

――確かに! 試合の後半で、伊東選手がエプロンの中をまさぐりだしたときは、デスマッチを観てて最もワクワクする瞬間のひとつです。

「あれはもちろん開場前から仕込んであるんですけど、入場でリングに上がる階段を出すときとか、ウチはデスマッチとストロングでリングの転換があったりするんで、エプロンの幕がめくれたりしちゃうじゃないですか。そういうときもお客さんにバレないよう、ちゃんと布とかを被せて隠しておくんですよ(笑)」

――さすが、ぬかりないですね!(笑) ちなみに、好きなデスマッチアイテムといえば?

「うーん、比較的使うことが多い蛍光灯ですかね。自分がデスマッチをやる前から蛍光灯はあったことはあったけど、自分がチャンピオンになってから劇的に使用頻度が増えたと思うんですよ。本数も含めて」

――伊東選手は蛍光灯を組み合わせたオブジェも持ち込みますよね。蛍光灯羽子板とか、蜘蛛の巣型とか。

「ああいうのは組み上げちゃうと運ぶことができないんで、当日の会場で作るんですよ」

――他にも、電源をつなげて光らせてみたり、ネズミ捕り式とか……。

「天井から降らせてみたり(笑)。ネズミ捕りは、ウチと付き合いのある美術さんが考えてくれたんですけど、試合中にすぐ壊れてダメになっちゃうですよ、アレ」

――蛍光灯を使った攻防は見応えがありますけど、伊東さんの場合は相手の体の上に蛍光灯の束を置いて、コーナーから飛んだりするような「ｗｉｔｈ蛍光灯」パターンの攻撃があるじゃないですか。あれは自分へのダメージも大きそうですけど、怖さを感じたりとかは？

「怖さはないですけど、飛ぶほうがしんどいと思うことはありますね。でも、蛍光灯の上に飛んで自分が10のダメージを負って、相手に5のダメージしか与えられないなら、その前に相手の体力を落として6ぐらいのダメージを与えておけば、最後に自分が勝てるんですよ」

――まさに「蛍光灯理論」。両者のダメージものすごいと思いますが、フィニッシュの説得力としては充分ですよね。

「自分がチャンピオンになったときは、まだ90キロもなかったんですよ。その頃の対戦相手は自分より大きくて重い選手が多かったので、そこを打破するにはどうしたらいいかという中で、ドラゴンスプラッシュが生まれたんです。自分の骨身を削りながらフィニッシュするしかないという。ウチは特に地方を周ったりするんで、大日本プロレス自体をよく知らないお客さんも多いんですよ。なんとなくプロレスが来たから観に行こうって感覚で来ていただいてる。その中で、身体が一番細い人間がチャンピオンでメインを張ってるとなると、これはなんとかしなきゃいけない。だったら、やっぱり一番血を流してるというか、一番激しく戦ってる人間がチャンピオンじゃなきゃいけないと思うんです。あと、お客さんはデスマッチってだけでビックリしてるところはあると思うんで、そこからさらに自分の試合で驚かせたいという思いもありますね」

――伊東選手は海外でも激闘を繰り広げてますが、海外のお客さんに対しても同じような感覚ですか？

「いや、海外のファンは逆に日本のプロレスをよく観てるので、自分とかのことをよく知ってるんですよね。ＢＪＷに伊東竜二というレスラーがいて、どういう試合をしてるか理解してくれてます。どこで手に入れたのか日本の選手名鑑とかも持ってて、『サインくれ』とか言われますよ」

――そういう形で、海外でも名前を売りたいという気持ちはあったりするんですか？

「そんなことは特に考えてなかったですけどね(笑)。いつの間にか知られてたっていう程度で。逆に海外の選手の試合やデスマッチアイテムを参考にすることもありますね。注射器も、アメリカで使ってる選手がいたんですよ」

――伊東選手の最終兵器ですね。

「注射器は、そのうち誰かが日本でやりだすだろうと思ったんで、じゃあ先に自分がやっちゃおう、と。最初は(星野)勘九郎との試合で出したと思うんですけど、取られて自分が喰らいました(笑)。でも使ってみたら、自分のイメージがボンとついたので、やったもん勝ちだなと」

――注射器を使うと、それまで盛り上がってたお客さんもサーっと引くというか、ちょっと異質な空気になりますよね。

「それは感じております。賛否両論あるのは重々承知してます、はい」

――むしろちょっと引かせてやろう、みたいな気持ちがあるんですか？

「そこまでは考えてないですけど（笑）。でも、注射器を使うときは躊躇しないほうがいいんですよね。一気に刺して、突き抜けないと。別に体内に何かを注入してやろう的な感じじゃないんで」

――逆に苦手なデスマッチアイテムはありますか？

「アイテム自体は何でも大丈夫ですけど、試合形式でいうとノーロープ有刺鉄線デスマッチが苦手です。自分はロープもコーナーポストも使って試合するので、動きが制限されちゃうし、やることが狭まっちゃうんですよ。ウチはアブドーラ小林ですらトップロープを使いますから、ノーロープ有刺鉄線はみんなやりたがらないし、実際ほとんどやってないですね」

壮絶な負傷にも揺らがぬ闘志

――伊東さんは厳しい攻撃にも定評がありますけど、自身のそういう攻撃的な面は自覚していますか？

「それはあると思いますね。どちらかといえばSなんで。よくプロレスラー、特にデスマッチファイターなんてドMじゃないかって言われがちですけど、『バカか、この野郎』と（笑）。自分も含めて、みんな痛いの嫌いですから。よく、『なんで蛍光灯で相手を殴れるの？』とかも聞かれるんですけど、それはそういう形式というか、やっていいルールなわけで。蛍光灯だからすごいように思えますけど、相手に思いきりラリアットするのだって同じくらいヤバいですから」

――デスマッチを重ねていく中で、流血とか痛みには慣れていくものですか？

「いや、慣れないですよ。痛いものは痛い。でも、自分は痛みには比較的強いほうみたいですね。試合（２００６年９月10日・横浜文化体育館 VS佐々木貴戦）で右腕骨折と左手首脱臼をしたことがあって、そのときにお医者さんに腕をグイグイグイグイ引っ張られて『痛いなー』とは思ってるんですけど、ずーっと耐えてたんですよ。それで10分ぐらい引っ張って、結局関節が入んなかったんですけど、お医者さんに『痛くないの？』って聞かれて『いやいや、すごく痛いですけど』と答えたら、『そうだよね。これは男の人でも声出すぐらいの痛さのはずだから』って言われて、それを先に言ってくれと。自分はずーっと黙って耐えてましたから」

――耐えられてしまうのがすごい。

「そのあと入院して手術したときのプレートがまだ腕に入ってます。今も手首が完全に曲がらないですね」

――他に大きなケガは？

「大きかったのは、背中に蛍光灯が突き刺さったやつですね（２００９年５月９日・四日市大会 伊東&沼澤邪鬼VS宮本裕向&石川修司）。ロープに蛍光灯が吊るしてあるじゃないですか。そこにドーンとぶつかって蛍光灯が折れたときに、そこでそのまま膝を着いちゃったんですよ。そのとき折れた蛍光灯がつっかえ棒みたいになって、そのまま背中にグサって刺さったんですよね」

――……それはもう刺さった瞬間に気づくんですか？「うわ、今深く刺さった！」みたいに。

「いや、そのときはチクっていう感覚なんですよ。で、『おぉ？ なんだ？』と思って背中を自分で触ってみたら、なんかスライムみたいな感触があって。どうやら背中の脂肪の塊が出てきちゃったみたいなんですよね。『うわぁ……』と思ってたら、売店にいた登坂栄児がぶっ飛んできて、タオルを背中に当てて『控室行け！』って、そのまま控室にフェードアウトして試合終了」

――試合はノーコンテストに。控室ではどのような処置を？

「傷口自体はそれほどでもなかったけど、蛍光灯がズボっと刺さって体の中で折れちゃってたんで、体内に破片がたくさん残ってる状態で。それを取らなきゃいけないというので、傷口の横から背中の皮膚をズワーッと切られてベロンと剥がして、破片をひとつずつ取る手術をしました。だから今も背中に剥がしたときの傷跡がギューって残ってます」

――想像するだけで失神しそうな手術ですね。

2回ほど入院したけど、だからといって辞めようと思ったことは一切ない。逆にもっと試合したいって思いますよ。

「手術が終わったあと、先生に『何針縫ったんですか？』って聞いたら『100ちょっとまでは数えたんだけど、そこからわからない』って。しかも、体の中のほうはちゃんと縫ってくれたんですけど、外側がホッチキスでバチバチ留められてました」

――デスマッチ的にはドル札も留めたいところですね。

「ワハハ！　背中にキズは結構残ったんですけど、先生から『こんだけキズだらけだから気にしないだろう』って言われて。まぁ、しないですけど（笑）」

――それにしても、さすがにちょっとは死とか意識されませんでした？

「救急車で病院に行くまでの間に出血が多くて、本当に具合が悪かったですけど、まぁ、そんなもんです。結局、1カ月ちょっとぐらいしか休まなかったですし。あと、キズで言えば、オデコが斜めにズバッと切れて大出血したことがありますね。これはテーブルの上でパイルドライバーをドーンってやられたら、机に穴が空いて頭がずっぽりハマってしまったんですよ。そのときにテーブルも折れて、切り口で挟まれるようにグッと刺さっちゃったんですね。これも病院に行って10何針か縫いました。医者の先生に『傷跡残らないようにするね』って言われたんですけど、ガッチリ残ってます」

――そういったケガをしても、デスマッチに対する情熱は揺らがなかったんですか？

「2回ほど入院してますけど、だからといって辞めようとか嫌いになるとかは一切ないですね。ケガしたことでちょっとセーブするような技も出てきたりはしますけど、その程度で気持ちが揺らぐことはなかったです。逆にもっとプロレスやりたい、試合したいって思いますよ。自分が休んでてリングに立ってない中で会社が回ってると、やっぱり『俺の存在は何だったんだ？』って気になるじゃないですか。回ってるってことは他の選手やスタッフが頑張ってくれてるってことなんで、本当は感謝しなきゃいけないとこなんですけど、『俺がいなくてもいいの？』って思いが先に来ちゃいますよね」

――そこはやっぱり欲なんですかね、レスラーとしての。

「まぁ、欲なんでしょうね。やっぱり大日本のリングの主役でありたいし、ベルトがあるなら自分が持っていたいですから」

――例えば、試合に対する評価とか、賞を取りたいとかは？

「そりゃ、もらえるなら欲しいですけど（笑）、別にそれを取るために頑張るっていうことはないですね。あとからついてきたら嬉しいなってぐらいで」

――2009年11月29日・後楽園ホールで行われた葛西純選手との「カミソリ十字架ボード＋αデスマッチ」が、その年のプロレス大賞でベストバウトを獲りましたが、あのときはいかがでしたか？

「試合やりました、終わりました、っていうぐらいで、これは歴史に残る試合だとかプロレス大賞いけるぞ、みたいな気持ちはさらっさらなかったです。ただ、あの日は試合に至るまでのドラマがありましたから。自分がデスマッチをやる前に葛西純が大日本を抜けて、そのあと自分がトップに立って葛西純を呼び戻したんだけど、お互いが怪我や病気でなかなかシングル対決できなくてという流れですね。それと、あの日はお客さんというか会場が最初からすごい熱気があって。もう第一試合からドッカンドッカンきて、メインの時点で『ワァー！』ってなるぐらい、いい雰囲気ではありましたね。でも、そのぐらいの感想でノミネートも気にしなかったし、選考の日なんてまったく知らなかったんです。で、家で普通にトイレに入ってたら東スポの人から電話がきて、『プロレス大賞ベストバウト取りました！』と。自分は『はい』って言うだけですよね」

――試合内容はもちろん、ドラマ性やテーマも評価されたということですよね。

「そうだと思います。ただ、自分も含めて、大日本プロレスはそういうドラマ性やストーリーを作っていく部分が苦手だなとは思いますね。何かを仕掛けていくというよりもハプニング的に起こったことに対して、あとから反応していくことはあるんですけど。個人個人があまり主張しないというのはありますよね」

――他に印象に残る試合は？

「自分の中では星野勘九郎とやったシングル（2011年6月27日・後楽園ホール）も印象深いですね。さっき出た、注射器を初めて使った試合です。あれは何から何まで自分で考えましたから」

――試合形式やアイテムは伊東さんのアイデアということですか。

「それもあるんですけど、あの頃は星野がまだ全然目立ってなくて、それでポンとシングルをやるってなったときに、どうなんだ？と。やっぱりお客さんも『星野で大丈夫かな』って感じてたと思うんです。なので、試合が決まったときからさんざん煽って煽って（笑）。前哨戦でもガンガンいって、何かあればすぐブン殴ってましたから。要は、そうやって星野の期待値を上げていくってことですよね。それで、試合当日はお客さんもいっぱい入ってくれて、自分の中では思うような試合ができました」

――奥深いですね。では、もうひとつだけ試合を挙げていただくと？

「何でしょうね……。あぁ、2015年の両国大会の後（8月16日）に後楽園でやった関本大介との蛍光灯デスマッチですね」

――関本選手が久しぶりにデスマッチに挑んだ試合ですね。

「自分がデスマッチやるようになってから大介も相当デスマッチをやってたんで、当時もシングルをやろうという流れがあったんですけど、大介が挑戦者決定戦で負けて、そのままデスマッチから離れていったんですよ。それからストロングの地位をガンガン上げてくれてたんですけど、最初の両国が終わったあとに、そういえば大介は自分とならデスマッチやってもいいって言ってたなと思って、『やらないか？』って聞いたら『わかりました』って言ってくれて」

――あの試合は両国のメインでもいいぐらいのドラマ性が詰まってましたね。同じ日に某団体の某ークライマックスの決勝戦が行われていて。

「あれはまったく意識してなかったというか、知らなかったんです。後楽園ホールで伊東VS関本の蛍光灯デスマッチをやるって発表したときに、なんかみんながザワついて『ぶつけてきたね！』とか言ってて、『え、そうなの？』って（笑）。逆にその日にこのカード持ってきてなかったら後楽園ガラガラだったかもって思いましたね」

――伊東さんから見て、関本選手はどういう存在ですか？

「自分の半年後に入った人間ですけど、その頃から身体は出来上がってたし、デビューしてからも上手いし、力強いし。途中に怪我とかもありましたけど、ウチで1番努力してる人間じゃないかなと思いますね」

――もし、関本選手が「デスマッチ、もう一丁」と言ってきたら？

「『やめとけ』と。自分とやるのは、あれが本当に最後です」

デスマッチは観客との戦い？

――伊東選手は今後もデスマッチを続けていかれますか？

「続けるつもりですね。先日、グレート小鹿が74歳で蛍光灯デスマッチをやったので、そこまでは自分も頑張ろうかと。大日本プロレスが今年21周年で、自分もデビューして17年ですから。まだまだこれからと思ってますけど、ウチの中ではもう上から数えたほうが早いんですよ。

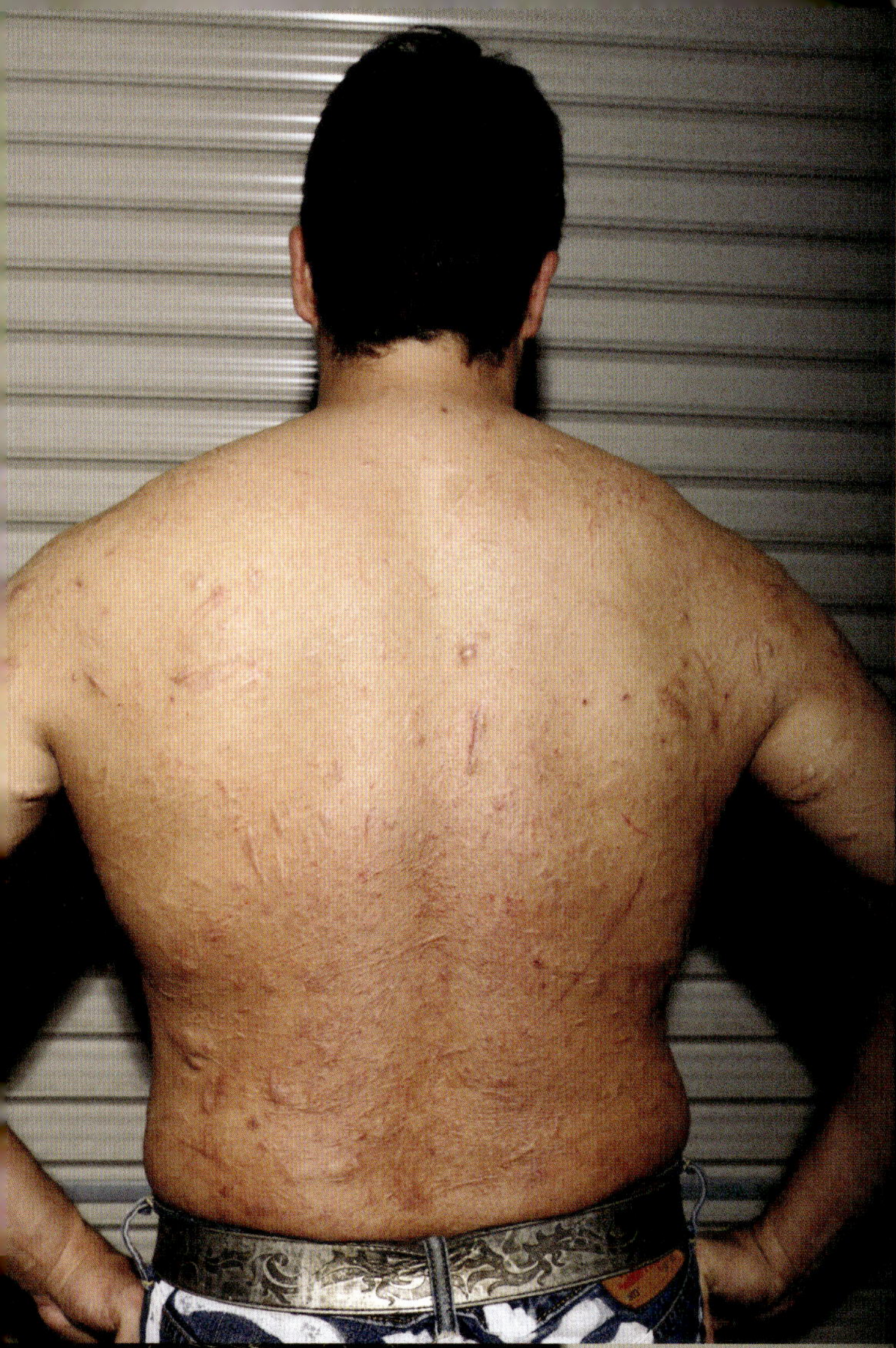
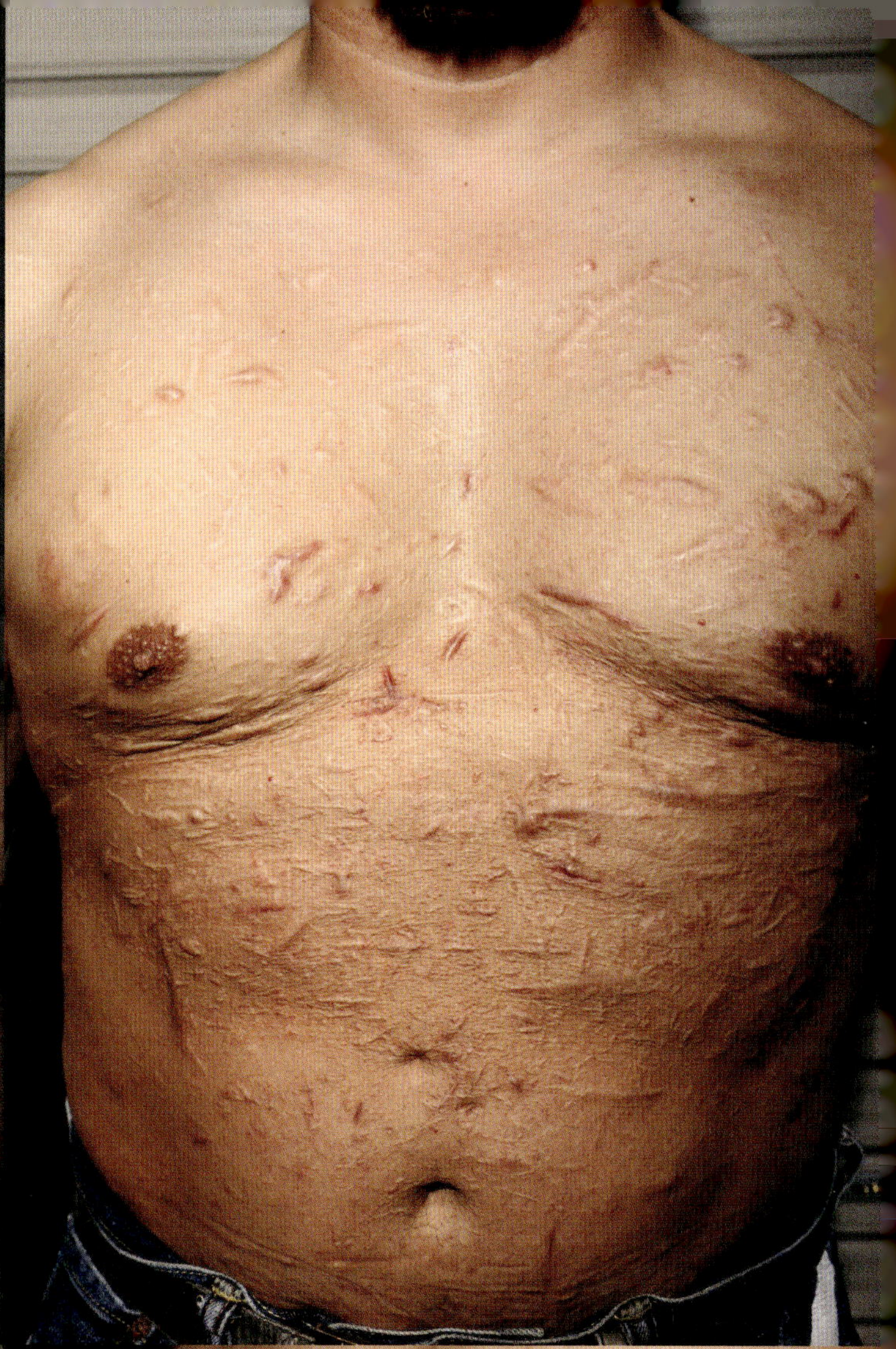

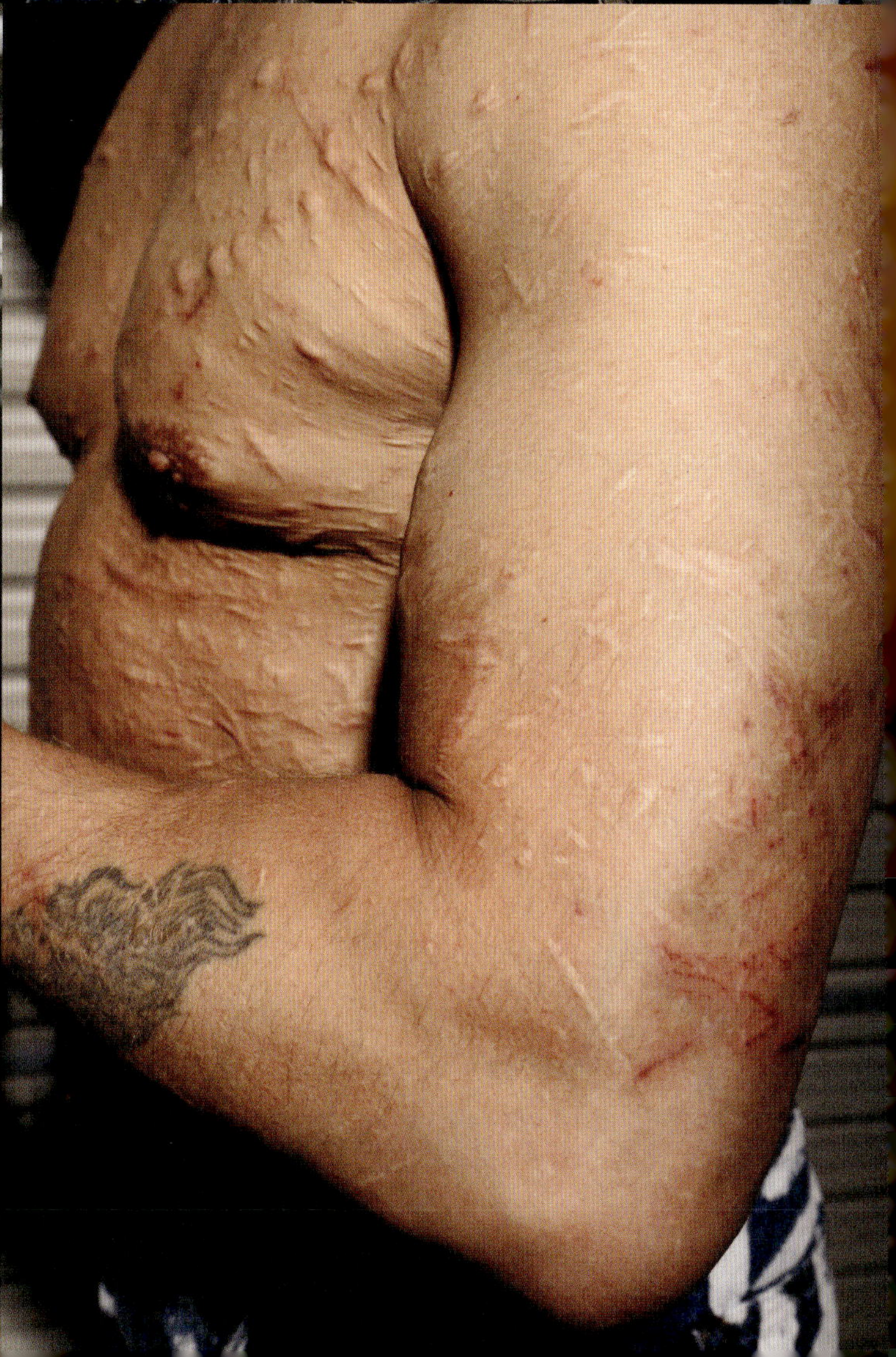

伊東竜二の試合では何が起こるかわからない。その期待感がある限りデスマッチはまだまだ面白くなると思います。

今、大日本に上がってる選手で、年齢で言ったら星野が一番上なんですけど、キャリアで言ったらアブドーラ小林、谷口裕一、そのあとが自分なんですよね」

——何がそこまで伊東選手をデスマッチに駆り立てるのでしょうか？

「やっぱり一番根底にあるのは、プロレスが好きで、子供のときから観ていて、そのままプロレスラーという職業に就いたので、あとはやるしかないという想いですかね。そりゃ、こんなにキズだらけになって、毎試合のように蛍光灯で殴り合うプロレスラーになるとは思ってなかったですけど(笑)。でも、自分が子供のときに感じた『プロレスラーってすごいな』という気持ちを、みなさんにも感じてもらいたいっていうのはありますね」

——伊東選手に憧れてプロレスラーになりたい、デスマッチをやってみたいって思ったレスラーやファンもたくさんいると思います。

「どうなんでしょうね、直接言われたことはないので(笑)。でも、少年ファンに『将来プロレスラーになってデスマッチやりたいんです』って言われたら『やめとけ』って言いますね。プロレスラーといっても、今の時代そんなに儲からないですから。それで、ただただ傷だらけになって、親にもいろいろ言われて(笑)。自分も実家に帰ったときは、やっぱり親の前ではシャツ脱げないですからね……。親は、地元の近くで試合あるときとか、たまに観にきてくれるんですよ。昔は自分がやられるばっかりだからあんまり観たくないって言ってましたけど、最近は攻めてることも多いので大丈夫かなと」

——厳しい攻めっぷりで逆にショックを受けるかもしれないですね。そういう意味でも、試合では気持ちが切り替わるというか、スイッチのオン・オフをするほうですか？

「もちろんですよ。試合中だけですよ、厳しいのは。その前後で売店に立ってるときはもう普通のおじさんですから(笑)。そのあたりは緩急をつけてますね」

——厳しい表情を見せる試合もありますけど、バラモン兄弟との対戦とか、ポセイドンマッチとかで竹刀を持って暴れてるときは、本当に楽しそうな顔をされてますよ。

「あぁ、それはもうみんなにバレちゃってますね。『試合中ずっとニヤニヤしてましたね』とか言われるんですよ(笑)。ああいうスタイルの試合は本当に大人の悪ふざけなんで、自分が楽しんでるところをみなさんに付き合ってもらってるというか」

——あと、伊東さんはマイクが非常に上手い印象があるんですけど、ご自身ではどういう評価ですか？

「それもたまに言われるんですけど、ひとつは場数というか慣れですよね。自分はデスマッチをやって3カ月ぐらいでベルトを取って、それからベルトを落としたり、また取ったりという試合が多かったんで、どの大会でもメインに絡んでるんですよ。それだけマイクを持って締めるということをやってるので、それなりに上手くはなっていきますよ。それと、自分はよく本や小説を読んでるので、言葉に対しては気を遣ってる部分があると思います」

——では、デスマッチ自体もやはり経験が大事ですか？

「経験を重ねれば技術は上がると思うんですけど、やっぱり気持ちのほうが大事ですよね。試合に挑むときの姿勢もそうだし、戦いの中にテーマを見つけるべき。なんとなくカード組まれました、なんとなく蛍光灯割って頑張りました、それでなんとなく勝ちました、っていうのは意味がないですから。試合に勝っても負けても、何を主張したいかっていうのが大きいですよね。これはデスマッチに限らず、プロレスならそういうことが大事だと思います」

——伊東さんが次世代のデスマッチファイターを育てたいという意識はありますか？

「育てるということは、そこまで深く考えたことがないです。何か聞かれたら答えますけど、今まで誰も聞きに来ないし。次世代のデスマッチファイターというのは、やっぱりどこかから突然変異のように現れるんじゃないかと思うんですよね」

——何度もベルトを巻いてチャンピオンになって、いろんな世代と闘いを繰り広げてきましたが、伊東さんの中でライバル、好敵手は？

「ライバルは……誰なんでしょうね？その時々にはいたと思いますけど、今はいないっちゃいないんですよね。大日本プロレスの中では、こいつが来たら伊東を倒せるっていう選手が現時点ではいないと思うんですよ。だから星野勘九郎みたいに、まずは対戦相手を強くしていかないといけないんですよ」

——大日本以外の、他団体の試合はご覧になったりしますか？

「観ます。情報としては入れておかないと、という感覚で。アブドーラ小林みたいに、動きをパクる目的ではないですよ(笑)」

——他団体でもデスマッチがありますけど、そこでスタイルの違いとか、イデオロギーの違いみたいなことは感じられますか？

「デスマッチの定義とか意味合いとかは考えればいろいろあると思うんですけど、自分としてはデスマッチもただのプロレスの形式の一種だと思ってます。ストロングスタイル、UWFスタイルという感じでデスマッチスタイルがあるだけで。だから他のスタイルに対して『デスマッチのほうが上』というのはまったくない。それこそ、大日本プロレスの中でもデスマッチもストロングもどっちが上とか下じゃないですから。だから、他団体のデスマッチファイターと試合することも、個人的には全然ウェルカムです」

——では、伊東さんの中で究極のデスマッチ、最高のデスマッチというのはどんな試合だと思いますか？

「それはやっぱりお客さんの反応がいい試合ですね。試合形式やアイテムは関係ないと思います。自分が『よし、これだ！』と思ってもお客さんが『え？』ってなったらそういう結果でしょうし、自分の中では『これどうなのかな？』と思ってもお客さんが『うぉー！すげー！』ってなったら、それが正解なのかなって。やっぱりお客さんがいかに楽しむか、驚くかが重要ですよね」

——逆に、お客さん側がもっとすごいものが見たい、と選手を追い込んでる部分はあると思いますか？

「よく、お客さんが危険なことを望むから試合がどんどん過激になってるとか言われましたけど、別にお客さんはそんなこと望んでないんですよね。過激とか危険なことじゃなくて、ただ予想外のことを望んでるんだと思います。それは『こんな技でも決まらないの？』という予想外もあるでしょうし、『こんな凶器を使うんだ』っていう驚きもあると思います。だからといって、デスマッチアイテムを殺傷能力が高いものにしていけばいいってことでもないですよね。過激にすればいいなら、いきなりナイフ持ってきて刺せばいいわけで。でも、それでは誰も喜ばない。それよりも、いかに奇想天外なことをするかだと思うんです。伊東竜二のプロレス、デスマッチでは何が起こるかわからない。その期待感がある限り、お客さんにはまた観たいって思ってもらえるだろうし、デスマッチはまだまだ面白くなっていくと思います」

RYUJI ITO

いとう・りゅうじ：1976年4月8日生まれ。1998年、大日本プロレスに入団し、翌4月29日にデビューを果たす。2003年春にはデスマッチ路線の一翼を担い、8月24日の横浜文化体育館大会で金村キンタローを破って第16代BJW認定デスマッチヘビー級王座を獲得。以降、第19、22、25、29、32代と、歴代最多となる計6回の戴冠を果たし、現在に至る。デスマッチの代表的アイテムである蛍光灯の使い方にこだわりを持ち、「巨大ねずみ捕り」「ライトセーバー」「蜘蛛の巣」「観覧車」「鳥居」「神輿」「門松」「恵方巻き」「こいのぼり」など、数々のオリジナルアイテムを考案している。2009年11月29日・後楽園ホール大会の葛西純戦で、デスマッチでは19年ぶり2度目となるプロレス大賞の年間最高試合賞を受賞。
【オフィシャルブログ】 http://ameblo.jp/deathmatch-dragon/

アブドーラ

ABDULLAH KOBAYASHI

BJW 02
DEATHMATCH KING

刺さるヒジ！　叫べバカチンが〜!!
嬉々として血に染まる信州信濃の流血マシーン

大日本プロレス生え抜き第1号選手としてデビューを果たし、当然のごとくデスマッチに身を投じるや、愛嬌溢れるルックスと持ち前のユーモアで、殺伐としたデスマッチのリングにオリジナリティを打ち出した人気者が、その独自のデスマッチ観を語り、激動のプロレス人生を振り返る。

取材・文◎鈴木 佑

小
林

「デスマッチやりたくないです」って若手がいるのが考えられない。「やればいいのに」と思っちゃいますね。

野望は、打倒！馬場&ブッチャー!?

——小林選手は大日本プロレスの生え抜きデビュー第1号となるわけですが、もともとはデスマッチをやりたくてプロレスラーになったわけではないですよね？

「全然(笑)。俺、高3で進路を決めるっていうときに、何もやってなかったんですよ。で、とにかくどこかの団体に潜り込んでプロレスラーになりたいなと思ってたら、たまたま知り合いのツテで全日本プロレスの渕(正信)さんに面接してもらえることになって。でも、『小さいから無理だな』って断られちゃったんで、それで火がついたのかなんなのか、みちのくプロレスとか新格闘プロレスとか、いろんな団体に履歴書を出したんですけど」

——あの前田日明さん率いるリングスにまで出したらしいですね。

「俺が住んでた長野のド田舎にはプロレスがあまり来なくて、生で観たのも全日と全女くらいだったんですよ。だからってわけじゃないけど、『どうせ「週刊プロレス」に載ってる団体なら、どこもそんなに変わらないだろ』と思って。そしたら高3の12月に、グレート小鹿が新団体を作るっていうのを知ったんで、旗揚げなら潜り込めるんじゃないかなと思って入団テストを受けました」

——そもそも、プロレスを好きになったきっかけというと？

「たぶん、友達の影響でテレビを観だしてからハマったんじゃないかな？　中学のときから全日が好きで、三沢（光晴）さんがジャンボ鶴田さんに勝つ姿を観て、すごいなと思って。でも、なぜか中学の卒業文集には『馬場とブッチャーを倒す』って書いてるんですけど（笑）」

——当時、すでに第一線から退いてるレジェンドですよね（笑）。

「普通なら『三沢と川田（利明）を倒す』とかですよね。たぶん、ひねくれ者だったんですよ。今考えると、なんで馬場とブッチャーなんだか、自分でもわけがわからない（笑）」

——聞くところによると、小林選手は学生時代から、かなり個性的だったみたいですね。

「ああ、わりと破天荒だったと思います。勉強はまったくしなかったけど、文化祭とか体育祭みたいな行事が大好きで。高3になってそういう催しが終わったら、先生に『もう学校、辞めさせてくれ！』ってお願いしてました。でも、職員室でタバコを吸ったりしても退学にならなくて、『そういうので辞められるもんでもないから』って諭されて（笑）」

——不良ではなかったんですか？

「じゃないですね、ケンカが好きとかでもないし。キャラ的には今と変わらないと思いますよ。お調子者の目立ちたがり屋というか。生徒会長に立候補して、適当に演説とかしてましたもん。でも、確か5票差くらいで落選したんですけど、俺が受かってたらいろんな意味で大変だったと思います（苦笑）」

——あと、田舎の雪道を上半身裸で登校していたというウワサは本当ですか？

「あ、それは本当です。話題を作ろうと思って、そんなことばかりやってましたね。自転車で登校中、車に3回くらいひかれたこともあるし。でも、冬なら雪がクッションになるし、田んぼに落ちればそんなにケガもしないんで」

——その頃から頑丈だったんですね(笑)。学生時代、レスラーになるためのトレーニングはしてましたか？

「一応、柔道部に入ったんですけど、顧問が技術書を置いて、『これを見て練習しとけ』っていう感じだったんで、1年くらいしかやらなかったです。あとは自己流でスクワットとか。あ、よく『週刊少年ジャンプ』の裏面広告にあった、日武会のヘンな引っ張るマシーン（笑）」

——エキスパンダーみたいなヤツですね(笑)。でも、入門テストに一発で受かったのはすごいですよね。

「きっと雑用係が欲しかったんでしょうね。ちょうど入門テストのときにリング自体を他団体か何かに貸してたんで、テスト項目がスクワットと腕立てだけでスパーリングがなかったんですよ。だから受かったのかもしれない。そのときは山川（竜司）さんが見てくれたんですけど、もし（ケンドー・）ナガサキさんだったら落とされてたと思います」

——スパーがなかったのが功を奏した、と。大日本も旗揚げ当初は、デスマッチ路線に振り切ってたわけではなく、バーリトゥード路線も並行してましたよね。

「そうそう、ナガサキさんがプロレス界ケンカ最強って言われてたのもあって、『打倒ヒクソン・グレイシー』を掲げて。あの頃は俺も道場でガチンコの練習をやってましたよ。ナガサキさんとボクシングのジムや、なぜかテコンドーのジムまで行って(笑)。そしたら、そのテコンドーの道場まで武藤（敬司）さんが挨拶に来たんですよ」

——えっ、武藤選手がですか？

「はい。たまたま、その道場と武藤さんがトレーニングしていたジムが近かったらしくて。なんか、武藤さんはアメリカでナガサキさんにお世話になったから顔を出したそうで、『やっぱり、ケンドー・ナガサキってすごいんだ！』って思った記憶があります」

——大日本のバーリトゥード路線について、当時の小林選手はどう捉えてたんですか？

「何も考えてなかったですね。『まあ、こういうもんなんだろうな』って。あまり思い悩んだりするタイプではないので、ありのまま受け入れたというか(笑)。だから、今の若手で『デスマッチやりたくないです』って言うヤツがいるのが考えられなくて。『やればいいのに』と思っちゃいますね」

——ありのままに受け入れとけ、と(笑)。小林選手が入門した頃は、ナガサキさんの指導のもと、相当厳しかったみたいですね。

「キツかったですねぇ。ナガサキさんはカルガリーでブレット・ハートとかもしごいたらしいんですけど、あの人は延々と受身の練習をやらせるんですよね。当時、レフェリーだったミスター・ヒトさんの場合、理論的にプロレスを教えてくれるんですけど、ナガサキさんは『とにかく覚えろ』っていう感じで。俺らは朝の10時から練習を始めて、ナガサキさんが来る11時には基礎体を終えてるんですよ。でも、『お前ら、スクワットやってないだろ？』とか言い出して、またやらされて(苦笑)。でも、それ以外だとナガサキさんにはいい思い出のほうが多いです。わざわざちゃんこを作ってくれたり」

——小林選手は結構可愛がられたほうですか？

「そうだと思います。俺のすぐ下の本間朋晃とか藤田ミノルは、ナガサキさんにしばらくは『あんちゃん』って呼ばれてたんですけど、俺は早い段階から名前だったんで光栄でした。ナガサキさんって相撲の人だからか、バカみたいに食わせるんですよ。山川さんなんて食も細かったから、ゲロ吐きながら食べてましたもん。でも、俺はバカみたいに食い意地が張ってたから、可愛がってくれたんだと思います（笑）」

レジェンドたちとの交流

——もともと大食漢だったんですか？

「それはプロレスに入って気づいたんですよ。入門したときは75キロだったのに、1年で100キロになって。昔ながらのプロレスの練習や食事っていうのと水が合ったんでしょうね。一気に身体が大きくなりました」

——小林選手はデビュー当時と今の体型がまるで違いますけど、それはダメージを受けにくくするためとか、キャラ付け

とか、何か考えがあったんですか？

「あの当時、大日本に上がるレスラーは身体の大きい人が多かったんですよね。だから、大きくなれば強くなれると思って、とにかく食ってたんです。まあ、今はアブドーラってキャラにだいぶ甘えて不摂生してますけど（笑）」

——アブドーラになる前は、かなりリングネームも変えてましたよね。

「そうですね。最初は本名の小林洋輔だったんですけど、当時パチンコの『大工の源さん』ばっかやってたってことで、小林源之助になって。ミスター・ポーゴさんのチーム（シャドウ軍団）に入ったときは、ミスター歩誤助だったし（苦笑）」

——ポーゴ選手も90年代を代表するデスマッチファイターですが、近くでご覧になっていかがでしたか？

「俺、MSGバッグで鎖鎌とかポーゴさんの凶器を運んだりしてましたけど、面倒見のいい人でしたよ。ただナガサキさんと犬猿の仲で、いつも控室を離すのは苦労しました。あと、無類のサウナ好きで、よく地方に行くと探してましたよ。『サウナ、10セットいこうよ』とか誘われて何時間もいたことありましたから。ポーゴさんは練習で汗を流すんじゃなくサウナで流すタイプでした（笑）」

——同じく大日本プロレス創成期の大物として松永光弘さんも欠かせませんが、松永さんは小林選手を「思いきりがいい」と評価されていて。

「たぶん凶器にビビらないからじゃないですかね？　松永さんからも結構可愛がってもらいました。で、確か俺が剣山マッチを最初にやった相手が松永さんだったんですよ。試合する前は『剣山なんて身体に刺さるわけがない』とか思ってたんですけど、腕にブスッと来たんで『エェッ!?』って。アレ、刺さると釣り針みたいになって抜けなくなるんですよね」

——小林選手がアメリカのCZWでの試合後に、頭に刺さった剣山を抜いてもらっている映像をネットで観たときは、「頭って、あんなに伸びるんだ!?」と衝撃を受けました。

「そうそう、伸びるんですよ。あのときは医者が麻酔ナシで抜こうとしたから、慌ててスマホで麻酔を英訳して『OK!? OK!?』って見せました（苦笑）。アヤしい医者で、『去年、ニック・ゲージが心肺停止になったけど、俺がヘリコプターを呼んで助けたんだ。だからユーも心臓止まったって大丈夫だよ』とか物騒なことを言われて（笑）」

——松永さんといえば、大日本のデスマッチ路線に大きな影響を与えた先人だと思いますが、何か影響は？

「ああ、受けたと思います。松永さんはデスマッチを変えましたよね。それまでのデスマッチって遺恨を決着する最終手段だったけど、松永さんが常にやるようになってからは、ある部分で競技化されたというか。それによってデスマッチをファンに広く認知させたと思います」

——あと、やはり聞いておきたいのが、小林選手の現在のリングネームの由来にもなったアブドーラ・ザ・ブッチャーのことなんですけど、小林選手は付き人みたいな関係性だったんですよね？

「はい。1999年あたりかなぁ？　まあ、言葉が通じないので面倒臭かったし、基本的にドケチでわがままな人です（笑）。地方だとブッチャーの知名度は絶大ですから、メシ食いに行くときに金を持たず手ぶらで行くんですよね。で、居酒屋に入ったら、そこにいるお客さんに俺がブッチャーグッズを行商して、金を作って（笑）。店員さんまで買ってたのを見て、『どこでも食っていけるんだな、この人は』って思いました。あと、空港に迎えに行くと、禁煙なのに平気で葉巻をくわえてるんですけど、警備員が注意できない（笑）。ホント、振る舞いがスターでしたよね」

——ブッチャーからリング上に関して学んだことはありますか？

「いっぱいありますよ。顔に力を入れると目が細くなるじゃないですか？　よく、ブッチャーは『目が細いと遠くからは笑ってるように見えるから、もっと見開け』って言ってましたね。『そんな細い目しやがって、オマエはジャイアント馬場か！』って（笑）。ブッチャーのわがままに付き合った分、いろいろ吸収できたと思います」

——ブッチャーとはまだ交流を？

「日本に来るときは携帯に電話がありますよ。昔、後楽園で昼が全日本、同じ日の夜が大日本のとき、俺が来るまで待っててくれたりとか。あと、去年作ったTシャツのフロントの写真が、半分が俺で半分がブッチャーなんですけど、連絡したら『小林が作るなら金はいいや』って言ってくれて。あんなにケチなのに（笑）」

——へえ、可愛がられてますね。

「でも、『また日本に行くときは、スポンサーを用意しとけ』って言われました（笑）。そういえば俺、タイガー・ジェット・シンとも1回だけ組んだことがあるんですよ。筑波でシンの親戚がカレー屋をやってて、そこ主催の興行があって。あのときのシンは控え室でずっとブッチャーの悪口を言ってました（笑）。あと、『お前の先生は誰だ？』って聞かれたから『ナガサキ』って答えたら、『グッド！　ナガサキに教わってるなら、ちゃんとしたプロレスができるな』って喜んでましたね」

——小林選手の若手時代、1997年1月には大日本と新日本の対抗戦がありましたよね。

「俺、あのドームのリングに上がってるんですよ。小鹿さんとマサ斎藤さんの試合後に乱入して、マサさんのヒザ蹴りを食らいました。あの対抗戦は竹ヤリで爆撃機に突っ込むようなもんですから、『なんで新日本と絡むの？』と思いましたけど、当時は立場的にイエスしかないですからね」

——自分にとってチャンスとは思わなかったんですか？

「俺、いろんな団体に履歴書を送りましたけど、新日本だけは送らなかったんですよ。自分みたいな人間が上がれるところじゃないと思ってたんで。でも、TAJIRIさんはあのときがきっかけで評価を受けて、それから大日本も辞めてメジャーになりましたよね。そういえば、あのドームの前に大日本勢が新日本の愛知県体育館に乗り込んだんですけど、あれはイヤだったなあ」

——リング上で大日本勢と新日本勢が揉み合いになったんですよね。

「なぜか、ナガサキさんがハンドバッグを持ったままリングに上がっちゃって、『これ、なくさないように持っとけ』って言われたのを覚えてます（笑）」

血が怖い自称「流血マシーン」

——さて、デスマッチについて聞いていきたいんですが、そもそもやるようになった経緯は？

「ぶっちゃけ、流れ上って感じですかね。たぶん四日市とか地方の大会で、身体が頑丈ってことで有刺鉄線をやったのが初めてのデスマッチです。そのときに『俺、デスマッチに向いているのかな？』とは思いました。ただ、人がやるのを観るのは怖いし、自分の映像もできれば観たくはないかな（笑）」

——もしや、意外とホラー映画とか苦手ですか？

「ああ、ダメです！　心霊スポットとかは好きなんですけど。たぶん血が怖いのかもしれないですね」

——〝信州信濃の流血マシーン〟なのに血が怖い（笑）。では、デスマッチで負ったケガで、今までで一番大きかったものは？

「なんだろうなあ……。蛍光灯にチョップしたら破片が骨に入るぐらいめりこんじゃって、筋肉が切れて指がブラブラになったことですかねぇ？　ちゃんとリハビリをやらなかったんで、今もあまり動かないんですよ。あと、切り傷だと乳首の横に蛍光灯が刺さったヤツです。乳首もブラブラしちゃって、観客がドン引きしてましたから（笑）。なんかブラブラして、白い脂肪みたいなのが出てるんですよ。で、試合後に何か面白いマイクでこの空気変えようと思って、初めて『愛してま～す！』って言ったんです。それは大阪だったんですけど、たまたまその3日前くらいに新日本の棚橋（弘至）選手

ISAMI

ISAMI

ベストバウトは竹田とやったデスマッチヘビー級の防衛戦かな。俺が五寸釘の上にモロにジャーマンを食らった（笑）。

が大阪の会場で言っていたのを観て、なんとなく頭の片隅で『これ、楽しそうだな』って思っていて」

——そういう経緯だったんですね。ちなみに自分の身体に傷がつくことについて、どう受け止めてますか？

「勲章だっていう人もいるけど、俺はそうでもないかな。どうせ治るもんだと思ってますから。引退した山川さんを見てると、だいぶなくなってるし、傷がイヤだというのはないですね。俺は治りが早いほうだと思いますよ。竹田（誠志）とか葛西（純）なんかは残ってますよね。俺は一応、万能クリームみたいなので肌のお手入れもしてます（笑）」

——スキンケアも欠かせない（笑）。では、これはキツいなと思うデスマッチの形式は？

「やっぱり、なんだかんだで蛍光灯かな。あれが一番ダメージはあるかもしれない」

——聞いたところによると、小林選手が蛍光灯を一番消費しているそうですね。

「食べてるからかなあ？（笑）あれも最初、葛西がやってたんですよ。俺はそのパクり……じゃなくオマージュです。昔、力道山なんかがレスラーの凄味を見せるのにグラスを食べてたって聞いたので、そのオマージュでもあるんですけど」

——あれで破片を飲んじゃうことはないですか？

「あ、ありますよ。あと、カバンには必ずチョコラBBを入れてます。口内炎に効くんで（笑）。蛍光灯って耐性がつかないんですよね。たとえば五寸釘だと、綺麗に受身を取れば痛みが分散されるんで慣れてくるんですけど。蛍光灯はガラスよりもハードかもしれない。あとはファイヤーデスマッチもあまりやりたくはないですね。背中が焼けたことあるんですけど、火傷は処置に時間がかかるんで。ドライアイスもイヤだったな。地味というか、ただ寒いだけでお客さんに伝わりにくいから」

——小林選手の試合は食品系のイメージも強いですね。

「食品系は傷の上に効くんですよ。去年の両国で塩に唐辛子にレモン……もう死ぬかと思いましたね！ 昨日（5月30日・後楽園ホール）の大会でも伊東（竜二）がリングで塩を撒いて、そのあとに俺が試合したんですけど、かなり〝残り塩〟にやられましたよ」

——残り塩（笑）。デスソースもありましたよね。

「あれは志賀（悟＝シャドウＷＸ）さんが考えたのかな？ あれもヤバいですね。直で食らわなくてもロープについているのを気づかずに触って、それで目をかいたりした日にはヤバいですよ。涙を流してても観てる側は何が起きてるかわからない（苦笑）。あと、目でいうと、顔や身体に金粉を塗って〝アブゴールド・バヤシ〟として試合するときも大変です。何日かは目がチカチカしてるんで。プロレスやり初めて、視力は落ちましたねぇ」

——健康診断や検査はやってます？

「血液検査は受けてますよ。俺は肝炎もやってるから半年に一回、1万ぐらいするちょっとイイ検査を。今年40なんですけど、健康は考えるようになりましたね。肩が急に痛くなって上がらなくなったこともあるし、食べる量も減ってるし。そんなに運動しないから（笑）」

——自ら「普段はあまり練習してない」って公言してますよね。

「軽いチューブトレーニングくらいですかね。ウチの宮本（裕向）とかには『アブドーラ小林は昔の貯金で試合をしてる』って言われますから。練習は若い頃にたくさんやったので、貯金が尽きたらまたやろうかな、と」

——昔はベンチプレスもかなり上げてたみたいですね。

「175は上げてました。今でも一応……」（と言って胸筋をピクピク）

——ちゃんと脂肪の下には筋肉が潜んでいる、と。

「これ、キャバクラでやると女の子にウケるんですよ。デスマッチって意外と女の子にモテるんですよね。なんか、血に女の子が寄ってくるというか。だから、デスマッチを頑張ってるというのはあるかもしれない（笑）」

——モテるために血みどろに（笑）。今、試合形式がどんどん過激になってますが、今後はどうなっていくと思いますか？

「まだまだ変化していくと思いますよ。もっと激しくなっていくと思うし、激しくならないといけないというか。それはお客さんが煽る部分もあれば、やっぱり俺たちが物足りなくて、もっとっていうのもあるでしょうし。で、プロレスにケガはつきものだけど死亡事故だけは絶対に起こしちゃいけないというか。でも、『じゃあ安全なデスマッチってなんだ？』って話にもなりますしね」

プロレスは悩まないとダメ

——ちなみに、小林選手のデスマッチのベストバウトは？

「今まで3回デスマッチヘビー級のベルトを獲ってるんですけど、その2回目で竹田とやった初防衛戦（2012年2月26日・後楽園ホール）かなぁ。俺が五寸釘の上にモロにジャーマンを食らって（笑）。あの王者時代は7度防衛できたんですよ。その前のときは一度もできなかったのに。だから、初めて防衛できた試合という部分でも印象に残ってます。でも、今の時代のデスマッチファイターはみんなすごいと思いますよ。だって、昔と違ってみんなデスマッチをやりたいっていう覚悟を持って飛び込んできてるんで。そんな中でも期待しているというか、『こいつはプロレス界を変えるな』って思うのは植木（嵩行）かな（笑）」

——元警察官の植木選手ですね。小林選手がニヤニヤしながら言ってるのが気になりますけど。

「いやぁ、あいつは21世紀の力道山、プロレス界を変える男ですよ！ だってデビュー1年目でリングに拳銃を持ち運んだわけですから。なんか、警察の元上司に『使えるものは何でも使え』って言われてるらしいんで、そういう意味ではデスマッチ向きだと思います。『いつ、デスマッチで拳銃を撃つんだろう？』って（笑）。プロレスを作ったのが力道山なら、プロレスを変えるのは植木ですよ！……でも、あいつはあいつなりにコミカル路線に悩んでて、ホントはもっとデスマッチやストロングBJの真面目な試合がしたい、と。その葛藤を見てるのが面白いです（笑）。そうやって悩んで考えてる選手は将来性がありますよ。俺もリングネームやファイトスタイルが変わったり、いろんな先輩にいろんな影響を受けたりしたわけで。プロレスって悩まないとダメなんだと思いますよ」

——小林選手は22年のキャリアの中で、悩んだ末にプロレスを辞めたいと思ったことはなかったですか？

「ああ、しょっちゅうありますよ。やっぱり、ケガしたときは考えちゃいますね。試合ができない間が長いほど何度も辞めたいって思います」

——それこそ、2013年にC型肝炎の感染が発覚したときは1年3カ月も欠場されました。

「あのときは会場にもちょくちょく行ってたんですけど、関係者やファンが優しくしてくれるから、逆に『一回プロレスから離れたいな』って。それで治らなかったら辞めちゃおうとまで思いましたから」

——まさに引退の危機だったわけですね。そこから復帰に至るまでには、周囲の方々の支えも大きかったのではないかと思いますが。

「もともと嫁は大日本のスタッフだったので、レスラー心理がわかるというか、あまり余計なことを言わないので気も楽でした。復帰するときは選手たちも

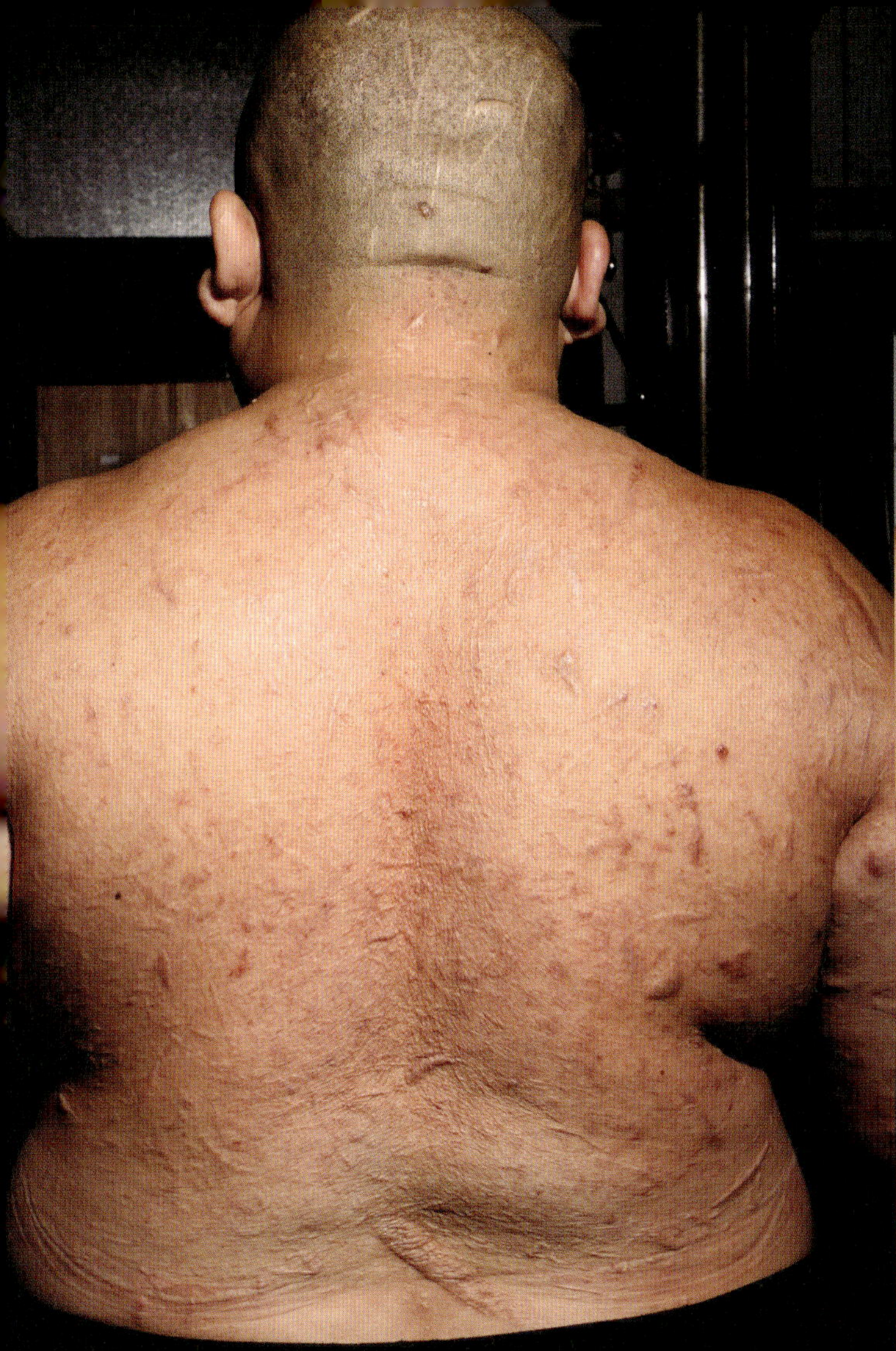
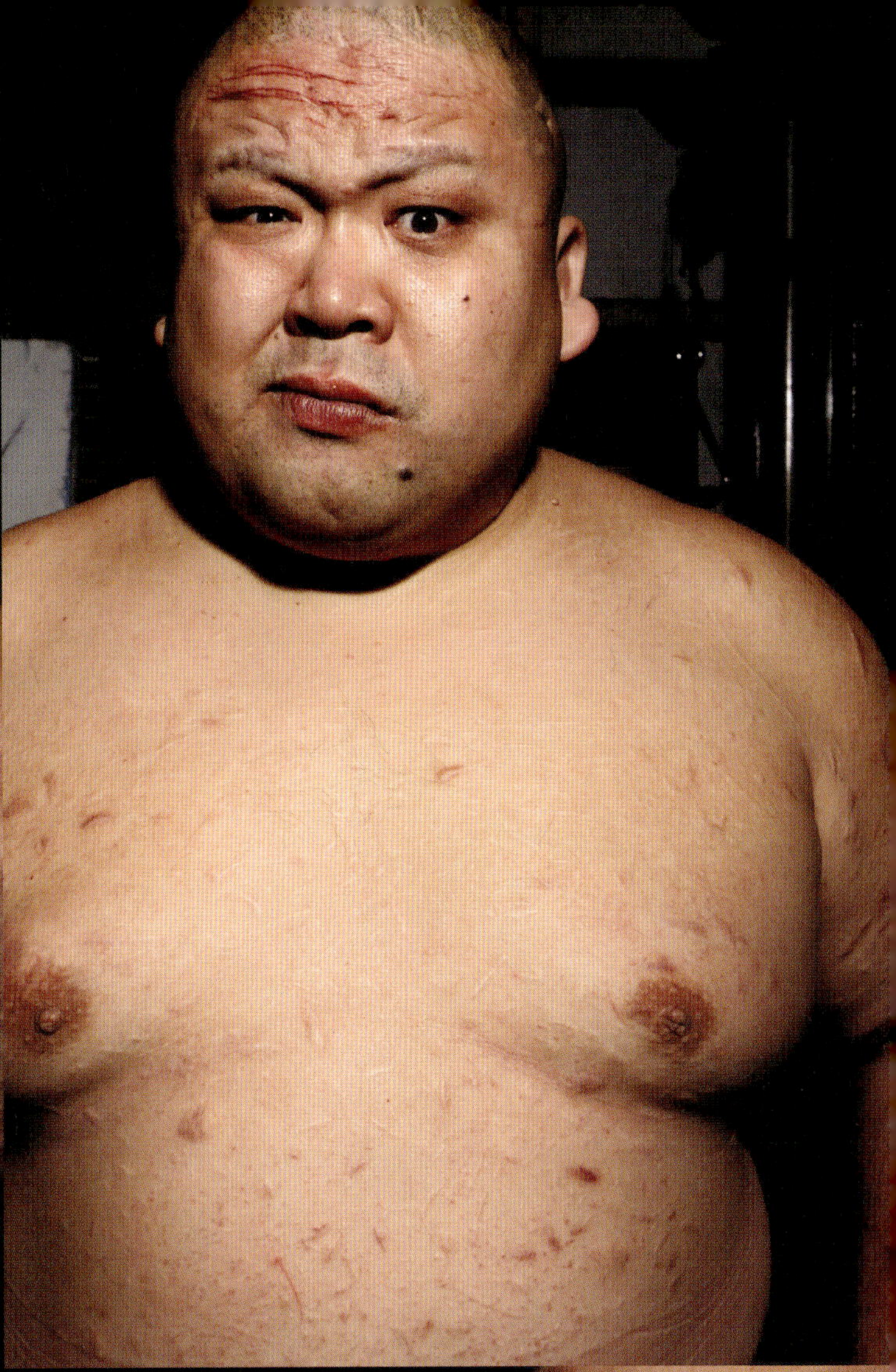
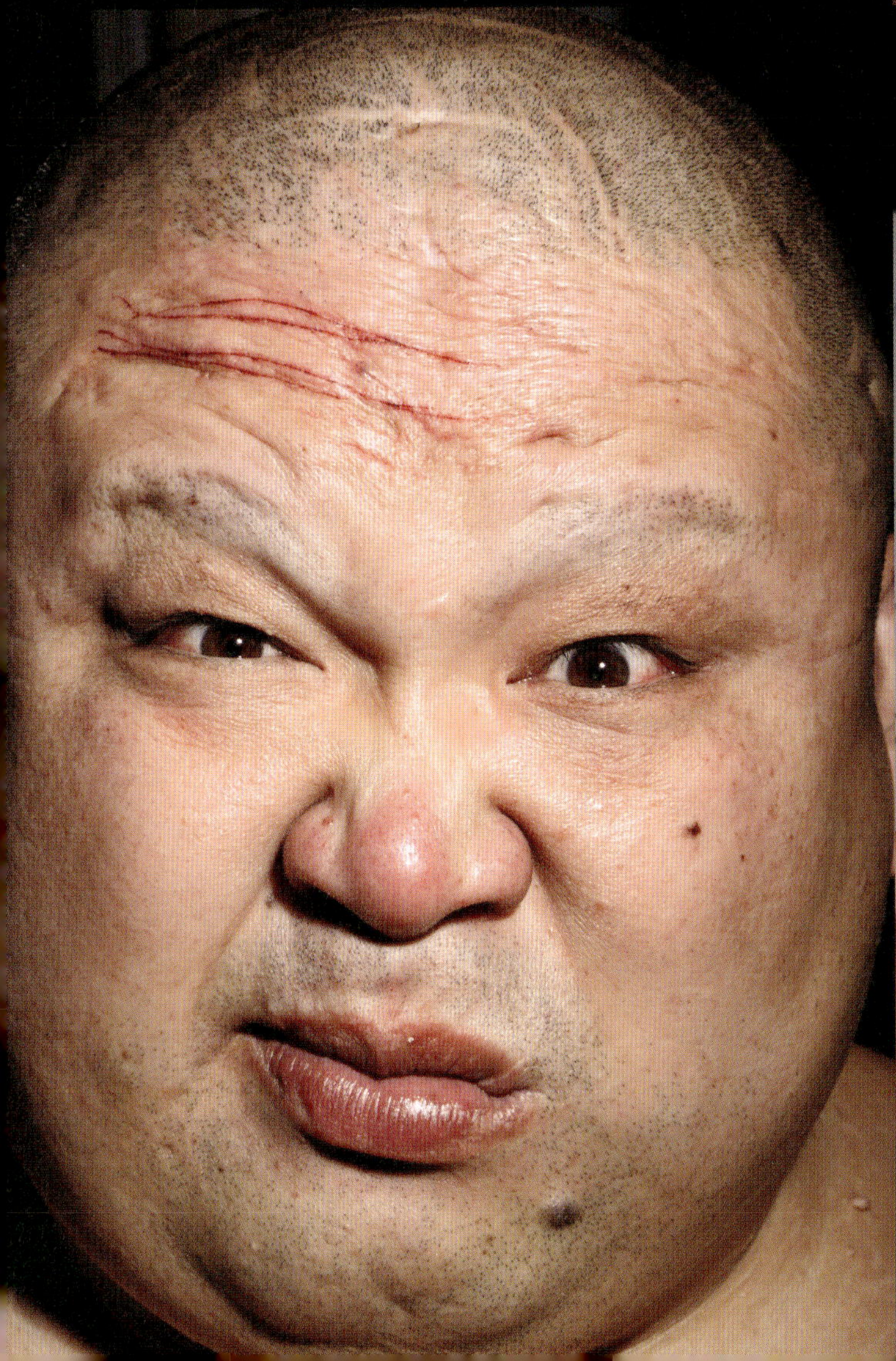
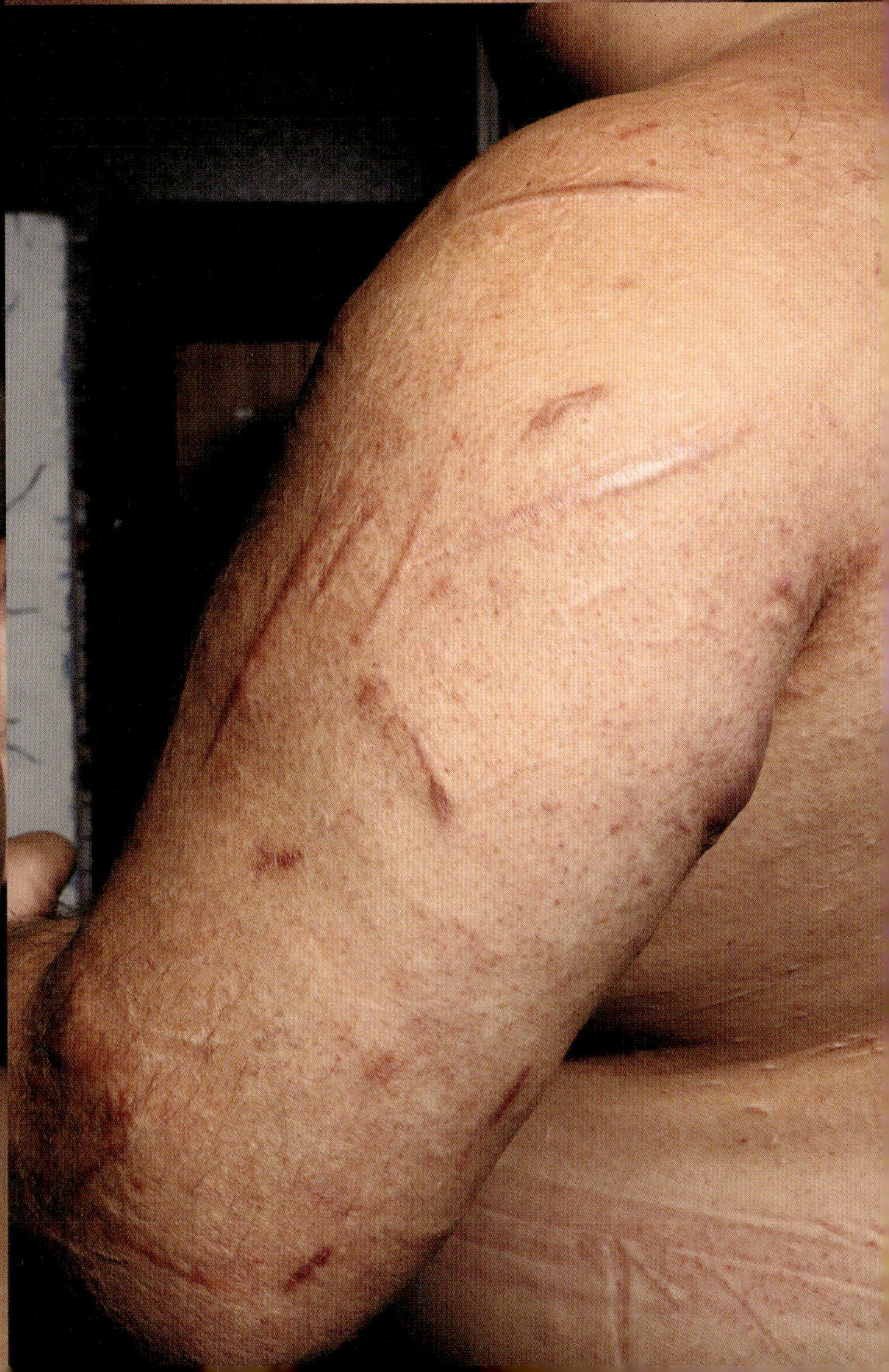

言ってしまえば、プロレスなんてみんなパクリですから。みんなも俺を見習え、と（笑）。

歓迎してくれたと思います。伊東と試合するとき、俺が『ブラッドレインメーカーとしてお札を降らせたい』って言ったら、宮本が外道さんの役を買って出てくれて」

——試合勘はすぐに戻りましたか？

「なんだかんだ慣れましたね。ただ、休んでる間は本当に練習しなかったんで、ボディスラムってこんなに効くんだ!?って驚きましたけど。逆にデスマッチのアイテムの痛みはすぐに慣れました。やってると変なところにスイッチが入るんですよ。まあ、改めてデスマッチも含めプロレスが好きなんだなとは思いましたね。休んでる間、テレビで新日本の放送を観てたら、本間とか自分と同期ぐらいの選手が活躍していて、一緒に観ていた知り合いの方に『あなたも早く復帰しなきゃね』って言ってもらって。で、そのときに観てる人たちの中邑真輔選手に対する反応がよくて、俺も『斬新だな』と思ったんで『イヤァオ！』とかパクるようになったんですけど（笑）」

大事なのはハミ出す勇気！

——小林選手は決して順風満帆なキャリアではなかったと思うんですよ。デスマッチヘビーのベルトを巻いたのも後輩の本間選手や伊東選手の後ですし。台頭する後輩たちを見て焦ることはなかったですか？

「藤田ミノルなんかもセンスがあって最初からすごかったし、本間はわりとすぐにデスマッチヘビーのベルトを巻きましたもんね。まあ、後輩が活躍していても、俺は俺でMEN'Sテイオー選手なんかとの試合でレスリングのスキルを磨いて経験を積んでたんで、タイミングさえ来ればいつでもベルト巻けるんじゃないかなとは思ってました。MEN'Sテイオー選手と絡んだのはプラスになりましたよ。あの人は引き出しがいっぱいあるし、自分が今までやってきたムチャな練習の答え合わせをしてる感覚というか。『こういう受身をやるために、ああいう練習をしてたんだな』とか。よく、あの人が試合前のリングで関本に丁寧に教えてるのを横目で見て、いろいろ盗んでたんです。直接は教えてくれないから（笑）」

——そこもパクリで（笑）。ちなみに、最古参の生え抜きである小林選手から見た、大日本のいいところは？

「プロレス団体に必要なものが全部揃ってるんですよ。質の良し悪しはさておき、道場があって、リング機材を運ぶトラックがあって、選手移動のバスもある。それはグレート小鹿の功績や、登坂社長が上手く会社を回してるってことですから、本当に素晴らしいと思いますよ」

——では、逆に改善したほうがいいと思う点は？

「みんな、自己プロデュースが下手すぎますね。試合内容はトップクラスだとしても、もっと自分のキャラを売ればいいのになって。それは今、ウチのストロングBJのチャンピオンの岡林（裕二）にしろ」

——試合内容だけじゃないところってことですよね。

「試合で見せるのは最低限のことなんですよ。たぶん、みんな真面目なんだよなぁ。だって、コーチが関本大介ですから（笑）。関本くらい突き抜けちゃえばいいけど、そうじゃないならキャラでも勝負しないと。もう少し遊び心や余裕が必要ですね。俺らは人前でただ戦うだけじゃなくて魅せるのが仕事であって、せっかくプロレスっていう何でもアリのジャンルを生業にしてるんだから。ハミ出す勇気が大事というのは、みんなに言ってるんですけどね。まあ、植木みたいにハミ出しすぎて迷ってるのもいるけど。そうか、みんな植木を見て『ああなっちゃいけない』と思って、真面目にやってるのかもしれない（笑）」

——小林選手のパクリもひとつの自己プロデュースですよね。

「実際、それに対してファンの反応があるわけなんで、もっとみんなも俺を見習え、と（笑）。極論を言ってしまえば、プロレスなんてみんなパクリですからね。ハルク・ホーガンだって元キャラがいるわけだし」

——ビリー・グラハムですね。リック・フレアーも「俺の動きはすべてコピーだ」って言っているそうで。

「ブッチャーだってよく試合中にシャウトを連発してたけど、『それ、ブルーザー・ブロディだろ！』って思ってましたもん（笑）。だから、みんなそうやって上手く取り入れながら自分のモノにしていくんですよ。それが自己プロデュースなんだから」

——プロレスは自己プロデュースの戦いでもある、と。そういう意味では、同じ大日本の中でストロングBJも意識しますか？

「そこはしないといけないと思ってます。俺がいい試合をしても、『週刊プロレス』の表紙が関本になったりしますしね。『あ、俺はあそこの編集長に嫌われてるんだな』と思いつつ（笑）」

——お話を聞いてると、まだまだ活躍を見せてもらえそうですね。上には現役最古参、御年74歳のグレート小鹿さんもいらっしゃいますし。

「あの人、入団当初はホント怖かったんですよ。身体も顔もデカいし、ヘンなパーマだったし、まんま本職の人でしたから（笑）。でも、この前も俺と蛍光灯をやったあとに、後楽園（2016年4月29日）のメインで関本と組んでヤンキー二丁拳銃のアジアタッグに挑戦してましたからね。自己プロデュースの話にもつながりますけど、小鹿さんが時代時代で変化し続けてるのは見習わないとなって思います。すごいとしか言いようがないし、俺もあまりサボれないなって。グレート小鹿を見習って、もう少し俺も頑張りますかね。デスマッチはキャバクラでモテるし（笑）」

ABDULLAH KOBAYASHI

あぶどーら・こばやし：1976年7月22日生まれ。1994年、大日本プロレスの草創期に入門した生え抜き第1号選手。その愛嬌溢れるキャラクターでデスマッチを中心に個性を発揮し、これまでにBJW認定デスマッチヘビー級王座を3回（第17、26、31代）、同タッグ王座を4回（第14、16、19、21代）獲得。2012年のプロレス大賞敢闘賞と日本インディー大賞MVPに輝いた。また、棚橋弘至、中邑真輔、オカダ・カズチカ、飯塚高史と言った人気選手のパフォーマンスを臆面もなく（ただし高い完成度で）パクリ、東京スポーツに「パクリ大王」と命名された。ハードな試合内容はもちろんのこと、コミカルなパフォーマンスでも抜群の存在感を発揮する、デスマッチ界で唯一無二の存在。
【オフィシャルブログ】http://ameblo.jp/abdullah-kobayashi/

邪悪なペイントの下に
デスマッチ一途の汚れなき魂を
燃やす、キチ○イの神様

BJW 03
DEATHMATCH KING

デスマッチをやりたい一心で大日本プロレスの門を叩き、念願のデスマッチ参戦直後に大きな怪我を負うも、なお邁進し続けた結果、ファンの絶大な支持を獲得し、会場を「キ○ガイ」コールで埋め尽くした自称「キチ○イの神様」が、その汲めども尽きぬデスマッチ愛を赤裸々に語る。

取材・文◎大谷 弦

〝黒天使〟

沼澤邪鬼

"KOKUTENSHI"
JAKI NUMAZAWA

自分のバックボーンや身体能力を考えたら、自分がこの世界でノシ上がるにはデスマッチしかないかなって。

少年時代から怪奇派指向?

—プロレスとの出会いはいつぐらいですか?

「おそらく小学校の低学年くらいに、父親に会場に連れてってもらって観たのが一番最初だと思いますね。たぶん全日本プロレスでジャイアント馬場さんが活躍されてた頃だと思うんですけど、よく覚えてない。ただ、家に残ってたパンフレットとかにはロッキー羽田さんとか大熊元司さんとか、小鹿さんも……いたんですかね。その辺はどうもあやふやなんですけど、そのパンフレットをたまにパラパラっと見てたぐらいの記憶しかないですね」

—その頃はまだそれほどプロレスに興味がなかったんですね。

「小さい頃は大人しい性格だったんですよ。みんなで野球やったりして遊んだりするんですけど、ひとりで遊ぶのも結構好きだったみたいで。親によく言われるのは、いつも家で粘土とかブロックをいじって遊んでるような子だったって」

—今の邪鬼さんのイメージとは違いますけど、なんとなく想像できますね。

「小学校低学年の頃は、ちょっとイジめられたりもしてました。でも、いい先生に巡り会って、そこからすごい友達も増えて、みんなで遊ぶようになったんです。小3のときから父親の影響で柔道も始めて、1年ぐらい続けましたね」

—邪鬼さんのベースは柔道なんですね。

「そうです。中学に入ったときに、僕が1年間柔道をやっていたことを先生が知ってたらしくて、柔道部に誘われたんですよ。でも、当時はバスケットボールが人気だったんで、バスケ部に仮入部に行ったんですよね、なぜか(笑)。で、行ってみたんですけど、やっぱりなんか違うなと思って、結局、柔道部入ったわけですよ」

—中学時代は柔道漬けですか?

「そこまでじゃなかったですけどね。当時はまだ土曜日だと午前中まで学校があったんで、お昼を食べて練習して終わるのが夕方ぐらいだったんですよ。それで、家に帰ってテレビをつけると、ちょうど『ワールドプロレスリング』がやってたんです。そこで何気なく見たのがグレート・ムタで。覚えてるのが、そのときに寺とか神社みたいな門があって、そこから忍者の格好をしたペイント姿の男が入場してきたんですよ。それがすごい印象に残って、またムタが出てこないかなと思ってチャンネルを合わせるようになったんですけど、なかなか出てこない。ずっと後になってから気づくんですけど、武藤敬司は毎週出てたんですよね。でもムタと武藤は別人だと思ってたから、『今週もムタは出てないな』って思いながら観続けて、それが習慣になってプロレスを好きになっていったんです」

—あくまで武藤はムタの代理人ですから(笑)。とはいえ、最初からペイントレスラーに興味を持ったんですね。

「なんか心に残ったんでしょうね。それからは、ゲームの『スーパーファイヤープロレスリング』をやったり、『週刊ゴング』とか雑誌も買うようになって。最初は新日本プロレスしか知らなかったんですけど、だんだんいろんな団体や選手を知って、どんどん面白くなって。その中でデスマッチというのも初めて知りました。高所作業車の上で戦ってて、落ちたら負けっていうルールの」

—W★INGで行われた「スキャフォード・マッチ」ですね。

「そうそう。『あ、こんな試合もあるんだ』と思って。でも、まだその頃はデスマッチっていうよりは、マスクマンとかペイントレスラーに憧れてましたね。みちのくプロレスの新崎人生さんとか。あとは怪奇派ですよね。W★INGに来てたレザーフェイスとか」

—やっぱり怪奇派に惹かれてましたか!

「惹かれてはない(笑)。いや、でもそうだったかも知れないですね。大仁田(厚)さんか(ミスター・)ポーゴさんだったらポーゴ派でしたから。柔道の練習が終わったらプロレスごっことかしてたんですけど、その友達の中に大仁田さんを大好きなヤツがいて。ウソついて『大仁田が死んだってよ!』って言ったら泣いてましたけどね」

—すごいストレートな嘘をつきましたね(笑)。

「まだ携帯とかない時代なんで、調べようがないじゃないですか(笑)。そういう意味では、プロレスに関する情報もなかなか入ってこなくて。埼玉県の田舎に住んでたので興行もあまり来なかったんですけど、電柱に貼られたポスターとかで開催日を知るんですよね。で、高校のときですかね、IWAジャパンが来て観に行ったのは覚えてます。ディック・マードックとかも来てましたね。本当すごいワクワクして、地元に来た試合はなるべく観に行くようにしてました。部活で柔道する以外は、勉強もしないでプロレスのビデオばっかり観てましたね」

プロレスの道へ、挫折と決断

—そこからだんだんとプロレスラーを目指すようになっていくんですか?

「高校生になると、将来の進路を考えるじゃないですか。でも、自分はやりたいことが何もなかったんですよね。勉強嫌いですし、かといって柔道で大学に推薦とかも考えてなかったし。柔道で大学に行けたとしても、その先をどうするとか考えられなかったんで。これよく話すんですけど、小学生のとき、文集の『将来の夢』みたいなところに『サラリーマンでもなれればいい』って書いてたんですよ」

—「なれればいい」って、かなり冷めた子供ですね(笑)。

「ええ、冷めた子供だったんですよ。ウチの親からも特に何になれとか言われなかったし。ところが、高2のとき、『プロレスやってみたいな』って初めて思ったんですよね。ただ、自分は身長も低いですし、実績もないから……悩みましたね。で、その頃、ウチの父親は店をやってたんですけど、もともと宴会場だったでっかい座敷があって、そこが空いてたんで、自分が部屋みたいに使って寝泊まりしてたんですよ。そこで、お年玉とかお小遣いを貯めて通販でダンベルとかバーベルとかベンチ台とか買って身体を鍛え出したんです。親にも学校にも内緒で」

—ひとり黙々と宴会場で体を鍛えてたというのは、アツいエピソードですね。

「トレーニング機材の他は、テレビと、プロレスのビデオと、ゴングとか週プロばっかりで。宴会場だから座布団がいっぱいあるじゃないですか。それをひとまとめにして、ブルーシートみたいのに包んで、ちょっとしたマットみたいなのを自作したりしてました」

—プロレス男子の夢を具現化したような部屋で、羨ましい!

「でも、プロレスラーになりたいって誰にも言えないし、自信もないし、って思ってたら、高校3年生になってトントン拍子でステンレスの加工業をやってる会社に就職が決まってしまったんですよ。まぁ、親は喜びますよね。それで、なんとなく流れに任せちゃって、そのまま就職して、車で毎日通勤して、真面目に働いてました」

—そこで一度、プロレスから離れてしまったんですね。

「はい。ただ、その会社は交代制だったんで、朝が早いときに定時で終わって急げばプロレスを観に行けたんですよ。で、またよく試合を観るようになったんですけど、そうすると『やっぱり自分のやりたいのはプロレスだな』って思うようになって。当時は小さな団体も増えてましたし、身長も自分と変わらない選手もいっぱい出てきてたし。それで、それまで会社に真面目に行ってたのに、急に辞表書いて、会社に『辞めます』って」

――即決ですね！ そこから一気に入門ですか？

「いや、とりあえずスポーツクラブのインストラクターのアルバイトを始めたんです。車を買ったりして、ローンを払わなくちゃいけなくなってたんで。なんかもうアルバイト中心の生活になって、保険の勧誘やら、コンビニの弁当づくりやら、野菜の袋詰めやら、倉庫番みたいなこともしてましたね」

――最後の一歩がなかなか踏み出せなかった。

「その頃はちょっと病んでたかもしれないですね。群馬の高崎にプロレスを観に行って、なぜだかわかんないけど『帰りは練習だ』って思い詰めて、歩いて家まで帰ったり。1日何キロ歩けるかと思って、朝に家を出て50キロぐらい歩いて電車で帰ってきたりとか（笑）。なんか自分が嫌だったんですよね。なりたいものがあるのにそこに行けない。行く勇気がない。かといって、すごくストイックにやってるかっていえば、そうでもない。じゃあ何なんだ、お前は？ みたいな自問自答を続けて。それで23になる直前ぐらいに、親から『もう諦めろ』って言われて、『じゃあ、やるよ！』って履歴書を出したのが大日本プロレスだったんですよ」

――そこで意を決して送ったのが大日本プロレスだったのは、やはりデスマッチがあったからですか？

「やるからにはプロレスだけでメシ食いたいなと思ってたんで、試合数が多かった大日本がいいなって考えたんですよね。もちろん、大日本のデスマッチも好きでした。それまで他の団体がやってたデスマッチって、ワーって、凶器持って暴れて、ワーって場外乱闘やって、気がついたら終わってる、みたいなイメージだったんですけど、大日本プロレスのデスマッチは、本間（朋晃）さんとかシャドウＷＸさんとか山川（竜司）さんがちゃんとしたプロレスありきのデスマッチをしていて。すごいし、面白いなって影響を受けたんですよ」

――いわゆるデスマッチ新世代の方々ですね。

「それと……これは今だから言えるんですけど、自分のバックボーンだったり、身体能力だったりを考えたときに、自分がこの世界でノシ上がれるとしたらデスマッチしかないかなっていうのもありました。好きだったからっていうのもありますけど、一番の動機はそこですね」

――邪鬼さんが入門された当時の大日本プロレスは、どういう雰囲気でしたか？

「所属選手は関本（大介）さんが一番下で、伊東（竜二）さん、葛西（純）さん、本間さん、（アブドーラ）小林さんが道場に住んでました。自分なんかはもう必死でしたね。必死だったけど、すごく充実もしてましたよ。高校の合宿が毎日続いてるような感じで」

――入門したのが2000年ですから、大日本プロレスはちょうどその頃から集客が落ちてくるタイミングだったと思いますが。

「実際にそんな空気を感じたのは2002年ぐらいですかね。自分はその年の9月にデスマッチデビューしたんですよ」

――それってやっぱり、会社の状況が悪くなってきて奮起せざるを得なかったとか？

「いや、それは関係ないですね。自分は最初からずっとデスマッチを志望してたんですよ。でも、その前にちゃんとプロレスができるようにならなきゃって思ってたんです。ただ無闇に蛍光灯や有刺鉄線を振り回せばいいってことではないんで、ある程度の時期は必要だと思ってました。デビューして2年弱くらい経って、これならデスマッチもできるなっていうタイミングがちょうどその頃だったんです」

何がなんでもデスマッチ！

――デスマッチデビュー戦はいかがでしたか？

「確かに、その頃は大日本プロレスも下がってきてたんですよ。葛西さんも退団されてた頃で。そこで自分が『デスマッチやります』となったときに、お客さんの期待感というか見る目が今までと違ってたんですよね。試合が始まっても、お客さんの声援とかが段違いで、なんかすごい気持ちよかったんです。痛かったですけど」

――大日本のファンも、状況を打破してくれるような新たなデスマッチファイターを待望してたんですね。

「そういうファンの想いは、勝手かもしれないですけど、すごく感じてました。その2カ月後ぐらいに後楽園ホールで初めて蛍光灯デスマッチをやることになるんですよ。マッドマン・ポンドが相手だったんですけど、そのときのお客さんがすごい少なくて。たぶん300～400人ぐらいしか入ってなかったです。でも、自分も初めての蛍光灯で相当興奮してたし、お客さんは少なかったけど、すごくいい反応が返ってきて、すっかりハイになってたんですよね。それで、蛍光灯を井の字に組んで積み上げて、そこにポンドを落とそうと思ったら自分が落とされてしまって、ワン・ツー・スリーとられて負けたんですけど、誰かが『バック、バック！』って言ってるんで、見たら蛍光灯が脇腹の後ろあたりに刺さってたみたいで、血がすごい出てるんですよ。試合のダメージもあって、もうフラフラだったんですけど、どうしても自分の足で帰りたかったんで、タンカに乗らずに歩いて帰って。そしたら、お客さんも『よく頑張った！』みたいに言ってくれて」

――激しい試合をした甲斐がありますね。

「そのまんま医務室に行ってベッドで寝てたんですけど、どう押さえても血が止まんないんですよ。どうやら深いところから出てる血だったので、色も濃いし、すぐにドロドロに固まってくるんです。壁とベッドのところにブヨブヨした血溜まりができちゃって、どうしようと思ってたら『救急車呼ぼう』って運ばれて、行ったところが東大病院の処置室みたいな場所で。手術室じゃなくて、全部タイル張りの静かな部屋で、これはヤバいところだなって思いましたね」

――冷たそうな雰囲気のところですよね。

「それで、看護婦さんにずーっと『寝ちゃダメですよ、寝ちゃダメですよ』って言われたんですけど、もう眠いんですよ、出血多量で。それで、そのまま寝てしまって、気がついたらもう全裸になってて体中に管やカテーテルが入ってる状態。CTスキャンを撮ったら、刺さった蛍光灯が肺まで達していて、気圧が抜けて肺がしぼんでしまって気胸という状態になってたんです。それで、アバラのあいだにトラカールという太めの針をグーッと入れられたんですけど、それが痛くて痛くて。筋肉がある部分なんで、そこを裂きながら入れていくんです。それで一晩だけ集中治療室にいたんですけど、実はその試合を自分の両親が観に来てたんですよ」

――あの300人の中にいらっしゃったんですか！

「集中治療室にも来てくれたんですけど、慌てふためいたり、泣いたりするのかと思ったら、ずっと笑いながら『しょうがないね』みたいなテンションで。ウチの母親も看護婦なんで、そういうの大丈夫だったみたいですね。それから二週間ぐらい入院しました」

――肝が座ってますね（笑）。入院中はどういうことを考えてました？

「病院の中に売店があるんですけど、お腹がすくからパンを買いに行ったんですよ。そこに『週刊プロレス』が置いてあって、自分の試合はどうだったんだろうと思って開いてみたんです。やっぱりデスマッチでそこまでの怪我をするのはよくないじゃないですか。死にそうなことをしていて、ホントに死んだらしょうがないですから。そういう批判も覚悟してたんですけど、結構大きく載ってたんですよね。自分はそれまでほとんど記事にもなったことのないようなレスラーだったのに。それでもう『オイシイな』と思って（笑）。普通は死にそうになったら『もう辞めよう』とか『怖い』とか思いそ

邪 鬼
“黒天使” 沼澤邪鬼
神は人の敬によりて
威を増し
人は神の徳によりて
運を添ふ

自分は24時間、沼澤邪鬼であり本名の福井直樹です。普段は蛍光灯で人を殴ったりしないですけど（笑）。

うなもんだけど、自分はまったく思わなくて。復帰しても絶対デスマッチやってやろうって思いましたね。次はもっとすごいことをやろうって」

——その思考はまさにデスマッチファイターです！

「その病院は2週間で退院して、12月に復帰したんです。それで試合に出ると、やっぱり会場の雰囲気が違うんですよ。自分に対する声援も全然違ってて。それでちょっと調子乗ってたと思うんですよね……。年が明けて1月5日に大阪府立第二体育館(第2競技場)でタッグマッチ(金村キンタロー&黒田哲広VS沼澤&gosaku)があったんですけど、そこで……まぁ当時は何でもできると思ってたんでしょう。とにかく行くしかないって気持ちで、相手を机の上に寝かせて体育館の二階のバルコニーからダイブしたんです。そんなこと今までやったこともないのに。いざ飛んだら足から着いちゃって、骨を折っちゃって」

——着地した瞬間、足が折れたっていう感覚があったんですか？

「もう着いた瞬間からフニャフニャフニャってなって立てなかったですね。もう歩けなくて、そのままリングに戻れず、パートナーを見殺しにしてしまって……。そのまま退場して、また入院ですね」

——後悔はなかったですか？

「このときはさすがに後悔しました(笑)。いざこれからってときに何やってんだ、って。しかも粉砕骨折だったんで、歩けるようになるまで本当に大変でしたね。腰の骨を取って、足の中に埋め込んでくっつけたりするような手術もしました。入院自体が2カ月ぐらいで、退院してからちゃんと歩けるようになるまで2カ月ぐらいかかりましたから。リハビリ中はずっと実家に帰ってたんですけど、することないからサムライTVとかでプロレスを観るじゃないですか。で、観てるとやっぱりやりたくなってくるんですよ。それで身体も鍛え直して、体重を増やして大きくして。それで10月に復帰できたんですけど、ほぼ1年くらいかかっちゃいましたね」

子育てもデスマッチも同じ日常

——復帰後も、大日本の最前線でデスマッチを続けていきました。当時は邪鬼さんがひとりでデスマッチ路線を背負ってた感もあって……。

「そんな大したもんじゃなかったですよ。伊東さんはまだデスマッチをやる前でしたけど、先輩の方々とか、小林さんもスゴかったですから」

——2005年には「デスマッチ7番勝負」に挑みました。その第6戦で、葛西選手と伝説のカミソリ十字架ボードを使ったデスマッチを敢行しましたが、あの一戦については？

「カミソリを使うとどうなるか？とか想像できなかったですね。葛西さんは、自分がデスマッチを始めたときに、入れ替わるように大日本を辞めてしまっていて、ちゃんと試合をしたことがなかったんですよ。なので、この試合はカミソリとかのアイテムのことよりも『葛西さんとやる！』っていう気持ちのほうが大きかったです。ただ、やっぱりカミソリはすごかった。試合中、葛西さんにボードを投げつけて血がドバドバ出たときはテンション上がりましたね。自分、Sなんで」

——あ、Sなんですか？

「Sだと思いますよ。デスマッチやってると『痛いの好きなんですよね？』『Mなんですよね？』ってよく言われるんですけど、僕は逆ですね。痛いのは嫌いなんで（笑）」

——そんなドSの邪鬼さんと葛西選手は、その後「045邪猿気違's」として、長くタッグを組むことになります。

「葛西さんは常に憧れの存在だったし、目標でした。でも、戦って勝つよりも横にいてその存在を超えたかったんですよ。結果的に、それは難しかったんですけど、組んで試合するのは本当に楽しかったですね。充実感がありました。葛西さんとは、お互いに気を遣わないんですよ。タッグパートナーとしても、シングルマッチで戦っても、何も気を遣わずにできるんです」

——葛西選手とはオフでも交流があるんですか？

「メシに行ったり、飲みに行ったりとかはありますけど、ホントたまに行く程度でしたね。葛西さんも家族がいますし、自分も今は家族と過ごすことが多いんで」

——邪鬼さんは、ご結婚されて、お子さんもいらっしゃいますけど、家族ができてデスマッチに対する感覚とか変わったりしましたか？

「いや、何も変わんないですね。家で時間があれば子供とニコニコして遊んでますけど、そういうときとデスマッチしてるときで何も変わらないです。意識したこともない」

——リング上と、それ以外のときでスイッチを切り替えていたりするんですか？

「いや。自分はペイントしてるんで、よく『それでスイッチを入れるんですか？』とか言われるんですけど、そういう感覚がわからないんですよ。元からスイッチなんてないんですよね。昔はキャラクターを強めようと黒い霧を吐いたりとか、いろいろ考えてやったりしてたんですけど、上手くいかなくて。本当はちゃんとしなきゃいけないと思うんですけどね、そこは。沼澤邪鬼という名前なのに子供にニコニコしたりとか(笑)。でも結論として、素が一番いいなと。リング上でも自分は自分なんで」

——リング上もプライベートもすべて地続きというか、基本的には同じテンションで。

「自分は常に沼澤邪鬼であり、本名の福井直樹でもある。そこはイコールです。24時間沼澤邪鬼で、24時間福井直樹。そりゃ普段は蛍光灯で人を殴ったりしないですけど(笑)、気持ちとしては同じですね。だから、自分で自分を『神様』と言うのも自然に出てきたものなので、あれも素かもしれないですよね。ペイントも誰かにやれって言われたんじゃなく、全部自分で始めたことなんで」

——そういう意味では、デスマッチを含めて毎月ものすごい数の試合をやって、たくさん血を流すことが邪鬼さんの日常だったりするわけですが、そんな状況を自分の中でどのように捉えられてますか？

「試合でも正解がないのと一緒で、自分自身にも正解なんてないとは思ってるんですよ。まぁ、デビューしたばっかりの頃は、自分がこんなふうになるとは思ってなかったですけど。ペイントだったり、コスチュームだったり、試合スタイルも含めてまったく想像できなかったですね。だから、今後もどうなるかわからないし。最近よく冗談でマスクマンになろうかって言ってるんですよ。ウチの子供はまだ小さいので今は大丈夫ですけど、大きくなってきたら自分のこととかデスマッチとか怖がるんじゃないかと思って。それで子供にバレないようにマスク被って試合しようかと思って（笑）」

——身体の傷で簡単にバレそうですけどね（笑）。

「確かにそうですね。自分はプロレスファンだったこともあって、傷はある意味で勲章かなと思ってるんですけど。最初は気になったこともありましたけど、ここまで傷だらけになってしまったら、どうやっても隠せないですし、消えないから、今は何とも思わないです。一応、世間体もあるんで、子供の保育園とかに行くときは帽子を被ったりしてますけど……これから授業参観とかあったとき、どうすればいいですかね？(笑) 基本的には全然気にしてないんですけど」

——これからも傷が増えることはあって

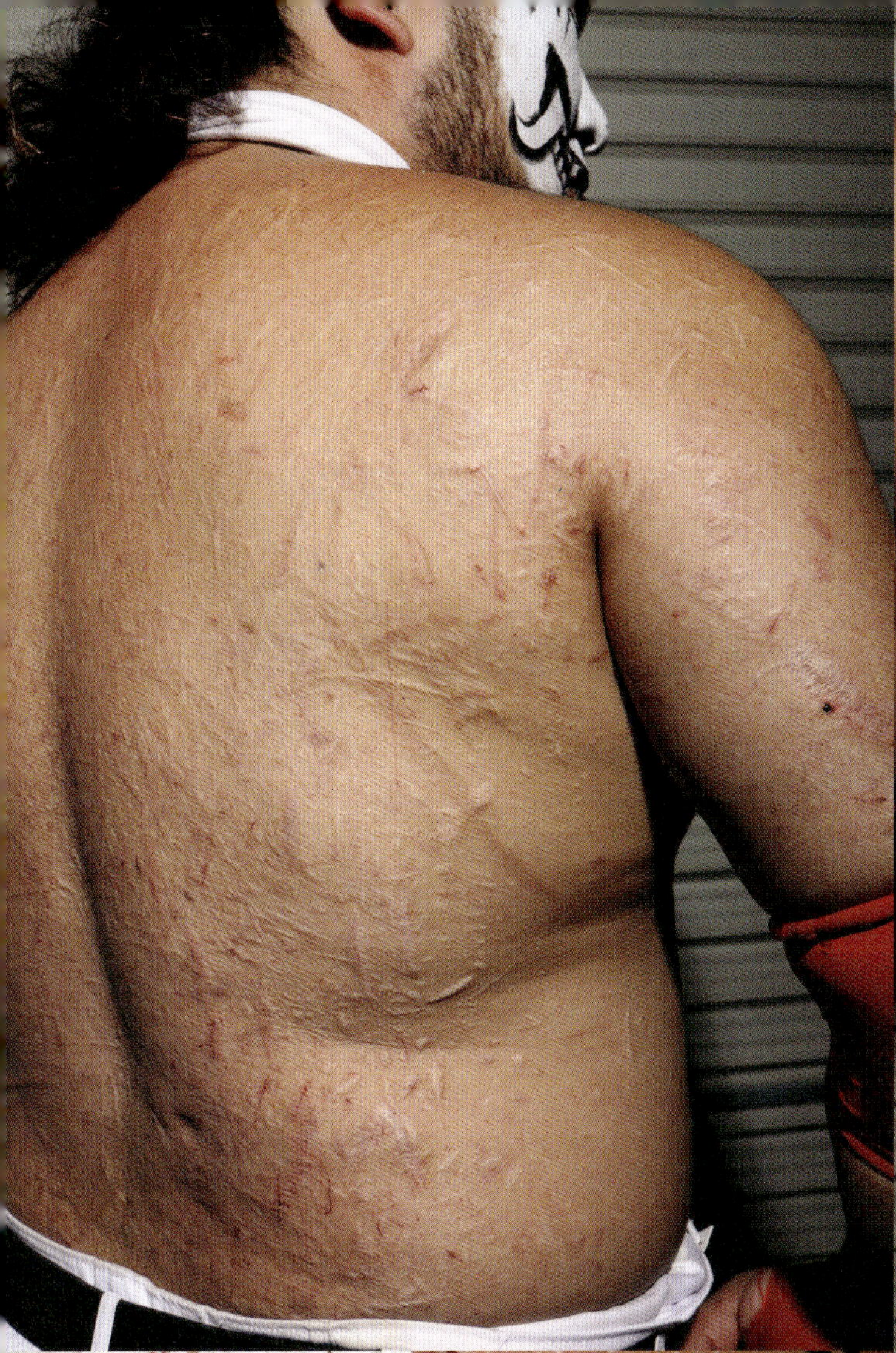
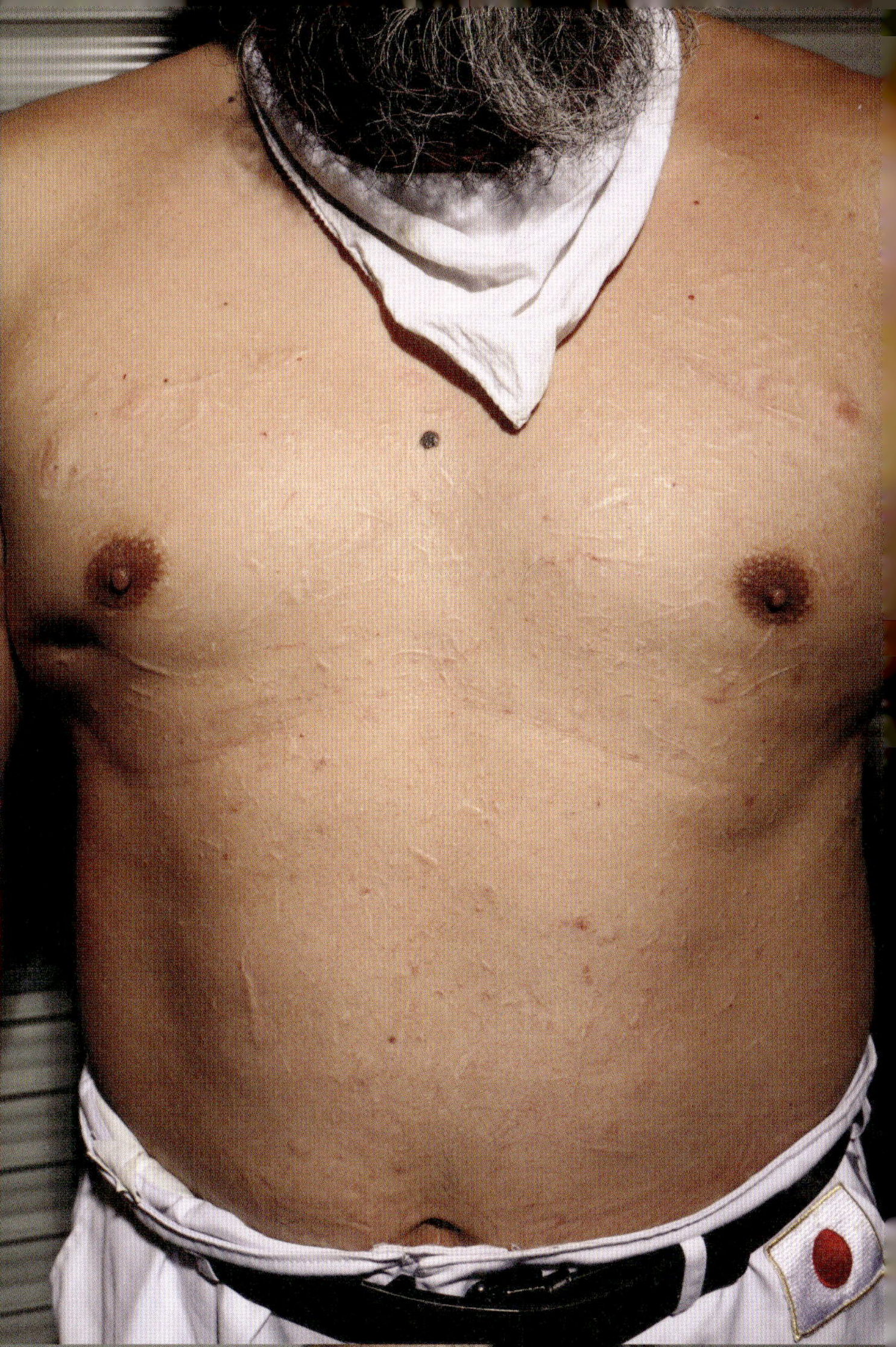

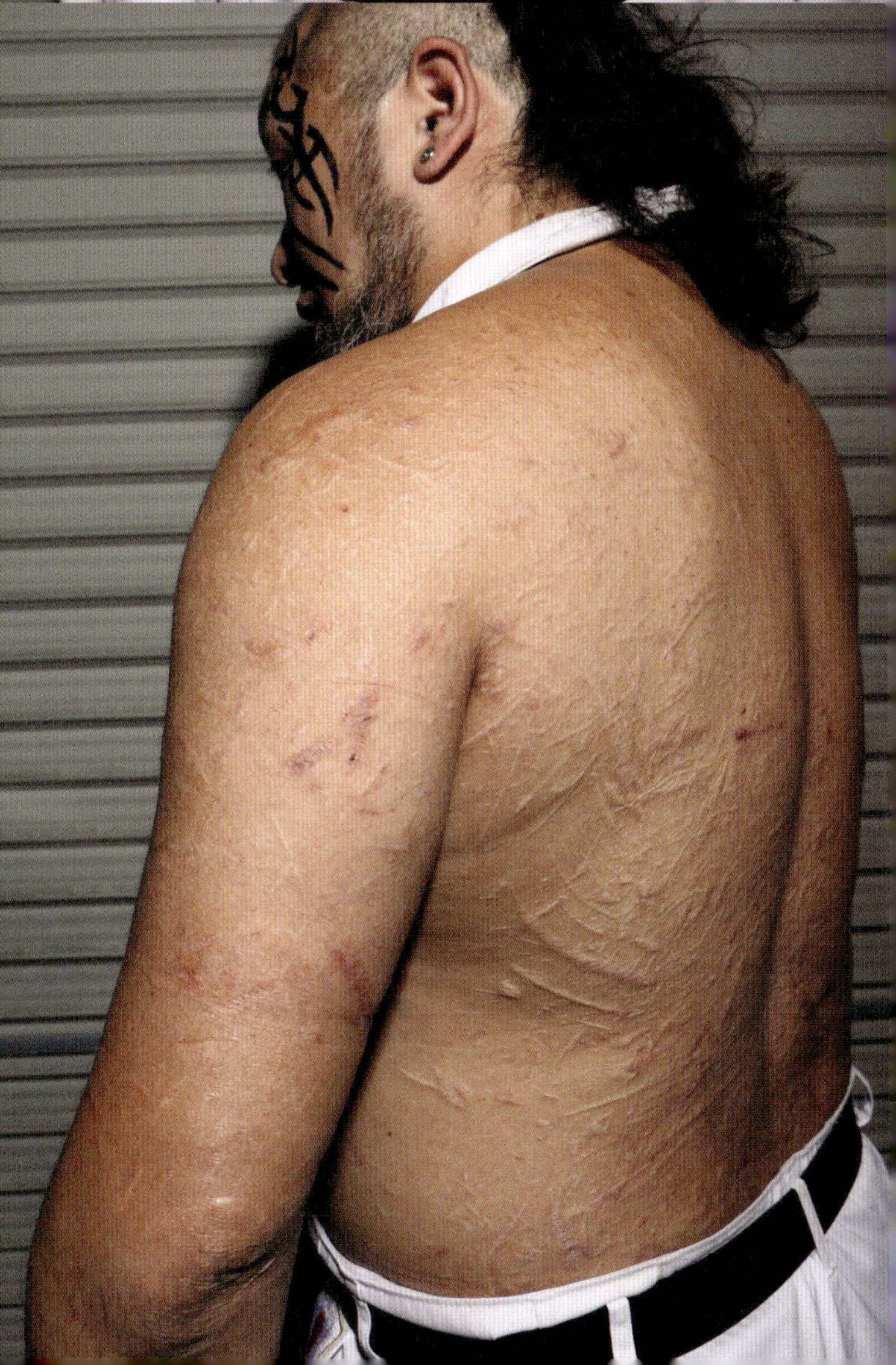

自分は素でやるしかないんで、これからも子供と遊ぶのとリングで試合するのと変わらないと思います。

も減ることはないでしょうしね。今後投入しようと思ってるデスマッチアイテムとか考えてますか？

「一時期は蛍光灯の中に画鋲を入れておいて、割れたら降り注ぐ『黄金の雨』とかやってましたけど……最近だと、カッターの替刃をそのまま着けたボードとかですかね」

——それはかなり危険ですね。

「でも、さっきも言った通り、基本的には痛いの嫌いなんですよ。普段の生活で、ちょっと指先が切れたりするのもイヤですね。誰もいないところで痛かったり、傷ついたりするのが一番イヤです（笑）。お客さんの前とか、人が見てるんだったらいいんですけど。だから、ひとりでいるときに蛍光灯にぶつかるとか最悪ですよね」

——これだけ痛い目に遭い続けてる人が言うと逆に説得力はある気もしますが、どれぐらいのレベルの痛みのことをイヤだと言ってるのかイマイチわかりづらいです（笑）。

「痛いのは全部イヤですよ。『どの凶器が一番痛いですか？』って聞かれることも多いんですけど、イスなら鈍痛だし、ガラスは刺さるし、痛さの質が全部違うんで、どれが一番っていうのはないんですよね。普通のプロレスの技だってとんでもなく痛いですから。関本（大介）さんとか岡林（裕二）のラリアットを喰らうと、本当に首が取れたかと思いますよ。だから、プロレス技はどれも痛いんです」

プロレスに正解はない

——アイテムやその使い方も含めて、邪鬼さんが考える理想的なデスマッチというのはありますか？

「何でしょうね……。さっきも言いましたけど、自分がずっと思ってるのはプロレスに正解はないってことですよね。観てる人が面白いと思ってくれれば、何でもアリなんじゃないかなって」

——やっぱりデスマッチ・フリークと呼ばれるようなコアなファンは意識されてますか？

「コアなファンも、初めて観に来てくれた人も、同じように常に意識してますよ。対戦相手と同じぐらいに重要だと思ってます。だから、自分にとって闘う相手はいっぱいいるんですよ。1対1のシングルマッチだったとしても、会場に1500人いたら1501対1で闘ってるつもりです」

——邪鬼さんは、大日本プロレスが展開している「商店街プロレス」シリーズに率先して取り組んでるんですよね。

「商店街プロレスは、地域のお客さんに商店街に来てもらって、なおかつプロレスを知ってもらえたらいいねっていうことで、横浜市の様々な商店街のみなさんと一緒に組んで始めたのがキッカケですね。最初はやっぱり不安だったんですけど、フタを開けたらたくさんお客さんが来てくれて。今はシリーズになって、商店街ごとの特性も出てきてたりしてますね」

——プロレスファンの裾野を確実に広げてますよね。商店街に集まった様々なお客さんの前で邪鬼さんたちが暴れてるっていうのも、ちょっとシュールな光景で。

「試合が終わったら、自分なんかにもお子さんが寄って来てくれるんですよ。中には、お母さんに連れられてムリヤリ写真撮らされて怖がってる子とかもいますけど（笑）。年配の方からも『私、昔は力道山のことが好きだったのよ』とか声かけてもらったりして、プロレスを届けられてよかったなって思います」

——その方は日プロ時代の小鹿さんの試合を観てるかもしれませんよね。先日、グレート小鹿選手は74歳でデスマッチに挑みましたけど、邪鬼さんは試合に対するモチベーションとか、これからのキャリアについて考えたりされますか？

「やっぱりデスマッチという世界でトップを取りたいって気持ちはもちろんありますし、取るだけじゃなくて、ずっとそこに居続けたいっていうのもある。まぁ、欲張りなのかもわかんないですけど。逆に、経験を重ねてきた今だからこそ、いろんなことやってみたいというのもありますね。今の大日本プロレスのストロングの試合に自分たちが入っていくとか。それこそ、さっき話に出たマスクマンに変身してもいいのかなって思ってますし」

——他のレスラーに、ライバル心とか嫉妬心を抱いたりされますか？

「うーん……ライバル心というよりは、自分自身に反省することのほうが多いですね。いまだに自分はプロレスファンなんで、他団体も含めていろんな試合を観るんですよ。自分の試合もたまにDVDで観返したりするんですけど、もっとこういうふうに動いていればとか、こういうふうにすればよかったなとか、そういうことのほうが多いんで」

——デスマッチファイターで下の世代からの追い上げを意識されたりすることってありますか？

「意識すればいいんでしょうけど、なんかまだそこまでいってない感じがしますね。自分たちが20代の頃は、山川さん、シャドウさん、金村さんとか、すごいデスマッチファイターがたくさんいて、必死に立ち向かってたんですよ。試合に勝つという結果を出すのも大事ですけど、それだけじゃなくて内容とか、すごさとか、存在感とか、すべてを超えなきゃって本当に必死でした。だけど、今の若いデスマッチファイターにそういう意識があるのかどうか。そういう気持ちが今ひとつ感じられないから、自分の中でもまだ響いてこないですね」

——まだまだ物足りない、と。

「そうですね。試合が組まれたらやりますけど、もっとスイッチ入れて来てほしいですね。ガムシャラに向かって来るんだったら、むしろ嬉しいぐらいで」

——邪鬼さん自身は、スイッチを切り替えなくてもハードな試合に挑めますからね（笑）。

「本当にそういう二面性がないんですよね。逆に、スイッチを入れて何か別の者になりきるっていうなら、そっちのほうがすごいなと思います。役に入り込むみたいな。自分も本当はそういうのがあったらもっと違うんでしょうね。でも、自分は素でやるしかないんで、これからも子供と遊ぶのとリングで試合するのと変わらない感じだと思います。でも、別にどちらも同じだと思ってるわけじゃないですよ。子供は可愛いけど、対戦相手は可愛くない。そこは確実に違います」

“KOKUTENSHI”
JAKI NUMAZAWA

“こくてんし”ぬまざわ・じゃき：1977年6月7日生まれ。2000年、大日本プロレスに入門。同年11月27日、静岡・キラメッセぬまづ大会のVS松崎駿馬戦でデビューを果たす。2002年よりデスマッチ戦線に参入し、2004年にはアブドーラ小林とのコンビで第19代BJW認定タッグ王者に。2005年、デスマッチ7番勝負を行い、その後、第6戦の相手・葛西純とタッグチーム「045邪猿気違's」を結成し、3度（第29、31、33代）のBJW認定タッグ王座と、第6代WEWタッグ王座に輝く活躍を見せた。2007年8月には佐々木貴が持つBJW認定デスマッチヘビー級王座に挑戦し、悲願の第21代王者に。その後も大日本プロレスのデスマッチ戦線を支える活躍を繰り広げ、現在に至る。

【Twitterアカウント】@numazawa594jaki

FREEDOMS

自由の名の下に集いし、デスマッチ超人の宴

We☆FREEDOMS

フリーダムズの御旗を掲げ、突き抜けろ！ 限界突破のデスマッチ天国!!

GCU
Five Animals
Kung-Fu
More Emotional!!
CLEUS

闘え! 狂え!! DEATH MATCH JUNKIES!!!

西
WEST

全速! 全開!! HARD CORE!!!!!!!!!!!!!!!!!!!!!!!!

FREEDOMS

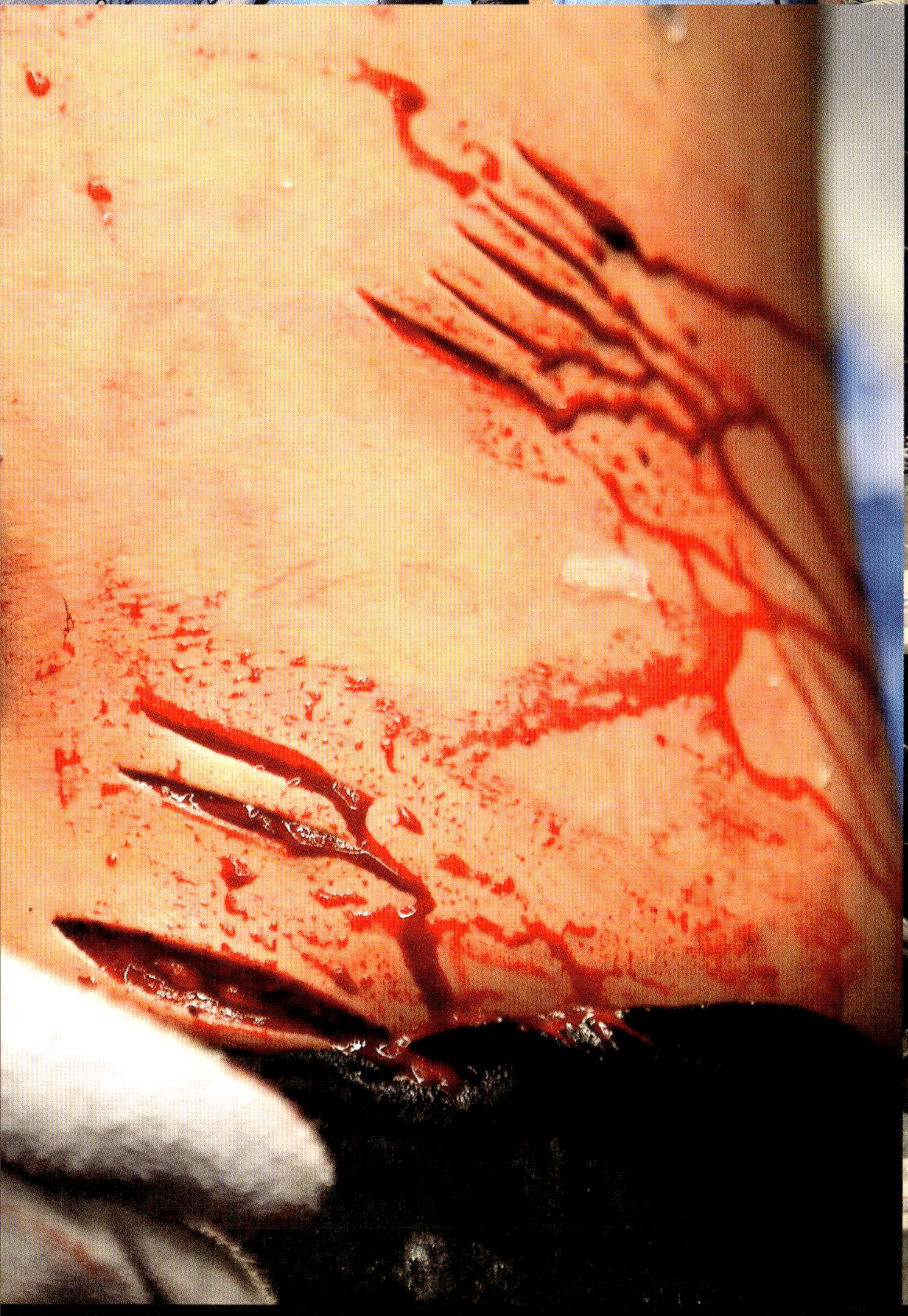

男も！ 女も!! 外人も！ 覆面《マスクマン》も!!

やりたい放題、激しくデスマッチ!!

タワレコでも！ライブハウスでも!!

ところかまわず自由にデスマッチ!!

佐々木貴

選手として、団体代表として、
デスマッチに体を張り続ける、
傷だらけの社長ファイター

FREEDOMS
LEADER'S INTERVIEW
TAKASHI SASAKI

正統派を目指してプロレスデビューするも、大日本プロレス参戦を機にデスマッチの道へ身を投じ、破竹の勢いでジャンルを牽引する存在へと急成長。やがては、自ら代表を務める団体「FREEDOMS」を立ち上げ、第一線で戦い続ける佐々木貴。レスラー兼社長という立場で、デスマッチの現在を牽引し、未来を創造する男が紐解く、そのデスマッチ観とは？

取材・文◎高崎計三

正統派からデスマッチへ

——デビューしてからDDTで活躍されていたあたりまでは、まさか佐々木選手がデスマッチファイターとして名を馳せるようになるとは思いもしませんでした。

「自分でもまったく思ってませんでしたね（笑）。ファン時代からデスマッチは嫌いではなかった……というか好きだったんですけど、『これは選ばれし人のみがやるものだ』と思ってたんで。その頃から、自分もいずれはプロレスラーになりたいと思ってましたけど、こっちには行かないだろうなと。FMWやW★INGとかのデスマッチも、『これは観るものであって、やるものではないだろうな』と思ってました」

——そもそも、プロレスを観るようになったきっかけは？

「僕は岩手の山奥の、超ド田舎に生まれ育ったんですけど、亡くなったおじいちゃんがとにかくプロレスが大好きで、いくつだったかも覚えてないような小さい頃からおじいちゃんに抱っこされてプロレスを観てたのをおぼろげに覚えていて。5～6歳になったら、何曜日の何時から中継があるとかわかってくるじゃないですか。それで、始まる前からテレビにかじりつくように観てたんです。でもあまりに田舎すぎて、全日本の中継は映らなかったり、新日本も何週か遅れだったり、興行も年に一度やって来るか来ないかって感じだったので、多団体時代になっても僕にとっては団体をチョイスする余地はなかったんですよね」

——まさに地方プロレスファンあるあるですね。限られた環境の中で楽しむしかないという。

「そう、『この団体は好きだけど、こっちは嫌い』とか言ってられないんですね。来たものは何でも観ようと。そんな中だったので、『週刊プロレス』も『週刊ゴング』も両方買って、隅から隅まで読んでましたし、地元に来た団体もメジャーだろうがインディーだろうが、誰なんだか選手がよくわからない団体だろうが（笑）、観に行きました。そうやってUWF系も女子プロも全部均等に観てる中で、デスマッチは響いてくるものがあったんです。だから、その後に上京して、夢にまで見た後楽園ホールに通うようになってからも、FMWとかW★INGとかデスマッチ系の団体を観る機会が多かったですね」

——それってFMWで言うと、いつ頃の時代ですか？

「まだ大仁田（厚）さんとかターザン後藤さんの頃ですね。4月に岩手から進学で神奈川に引っ越して来て、すぐに5月の川崎球場に行ったんですよ。それが大仁田厚VSテリー・ファンクの電流爆破でした。『これは行かなきゃいけない！』と思って」

——でもその後、実際にプロレスの修行を始めたのは鶴見五郎さんのところで。鶴見さんは元国際プロレスだからデスマッチにも少し縁はありますが、佐々木選手自身が目指していたのは正統派ファイターだったんですよね。

「そうですね。大仁田さんとかW★INGの中牧昭二さんとかは好きでよく観てましたが、それを目指そうとは思ってませんでした。鶴見さんはああいう見てくれですけど（笑）、練習ではものすごく理に適ったレスリングを教えるんですよ。理詰めで教えてくれるんで、そこで教わってた当時は『デスマッチをやってやろう』というような気持ちはこれっぽっちもなかったですね」

——そんな佐々木選手が大日本プロレスで最初にデスマッチをやったときは、結構軽い気持ちでOKしたんでしたよね？

「軽い気持ちというか、『やってみたらどうだ？』って感じで声をかけられて、『まあ、チャンスだしやってみるか』ぐらいの気持ちで。だから、『俺にやらせてください！』という感じではなかったですね。やってみて、『これが俺の進む道だ！』と思うのか、『いやぁ、こんな痛いのはもうやめよう』と思うのか、正直自分でもわからなかったんですよ。でも声をかけてもらえたってことは目をかけてもらえたってことだから、チャンスじゃないですか。『じゃあ、やります』と。それがきっかけですね」

——やってみていかがでしたか？

「その時点でプロレスのキャリアも10年近くはあったので、デスマッチへの順応性もそこそこはあったと思うんですよ。しかもそこまで情熱をかけて希望したというわけでもなかったから、わりと自然体で試合をしてしまって。だから、僕がファンとして観てた頃からちょっと変わってきていて、ファンのみなさんがデスマッチというものをすごく大事なものとして応援して、観に来てくれているということが、いまひとつわかってなかったかもしれないですね。それで、デスマッチ2戦目ぐらいで伊東竜二にいきなり『挑戦させろ』とか言っちゃったんですよ。そのときにデスマッチファンの『昨日今日始めたお前が何言ってんだ！』みたいなアレルギー反応がすごかった。デスマッチをやってみて、痛かったけど正直面白かったし、燃えるものもあったんで、その勢いもあって言ったわけですよ。でも、それが『ここまで反感を買うのか』っていうのには驚きましたね」

——佐々木選手が想定していた自分のポジションと、デスマッチの世界でのそれがまったく別だったと。

「僕がそれまで築き上げてきたキャリアが、デスマッチというジャンルに飛び込んだ瞬間に、またゼロに戻ってしまったっていうぐらいの感覚に陥りましたね。また一個ずつ積み上げていかなきゃいけないんだなと」

——でも手応えは掴んだんですね。

「何か、妙にありましたね。俺、このジャンルでいけるかも……というか、いきたいなという気持ちが出てきました。かつ、ファンの人たちの反感を一身に受けたために、ここで引いたら俺のプロレスは終わる、ぐらいに思ったんです。ここで逆に向かっていかないと、先はないな、と」

——最初にそれがあったから、ムキになったかのようにデスマッチにのめり込むことに。

「僕の人生は全部、『チクショーこの野郎！』でここまで来たと思ってるんで。正

すごく危険な形式のデスマッチだとナーバスになったりもするけど、
一歩お客さんの前に出た時点でスイッチが入って、怖さはなくなります。

直、体もそんなに大きくないし、何かの実績があるわけでもなくて、プロレスラーになりたいという気持ちだけで飛び込んできて、何か壁にぶつかるたびに『チクショー！今に見てろよ！』っていう気持ちだけで跳ね返してきたんですよ。デスマッチでも最初にその壁にぶつかって、その気持ちが芽生えたのは大きかったですね」

スイッチのオンとオフ

――そこから急激に、「蛍光灯300本」という世界まで上り詰めてしまって(笑)。しかし、蛍光灯デスマッチとか、それこそ今までやってきたこととまったく別次元じゃないですか。練習もできないでしょうし。

「練習はできないですね。全部ぶっつけですよ。蛍光灯とかカミソリボードとか、デスマッチの凶器にしても、自分の体さえもどこがどうなるかわからないものを自ら用意して、そこに飛び込むわけですからね。それはすごいことですよ」

――恐怖心ってないんですか？

「他の人はどうかわからないですけど、僕は普通にありますよ。知り合いと飲んだときに、『よく痛くないね』とか『平気なんでしょ？ むしろ気持ちいいんでしょ？』って言われるんですけど、そんなわけないですよ。人間ですから(笑)。痛いものは痛いし、怖いものは怖いんですよ」

――やっぱりそうなんですね。

「すごく危険な形式のデスマッチだったりすると、前の晩とかはすごくナーバスになったりもするんですけど、当日会場に行って、ウォーミングアップして着替えて、自分の入場曲が鳴って、一歩お客さんの前に出た時点でガーッとスイッチが入っちゃいますね。そこからは、怖さはなくなります」

――どんなものに対してもですか？ 例えば剣山があって、頭に突き刺すのも突き刺されるのも、普通だとイヤじゃないですか。

「今、この場だったらイヤですね」

――でもデスマッチのリング上だったら平気？

「いけちゃいますね。『デスマッチ・アイテムで苦手なものは？』ってよく聞かれるんですけど、僕は高所恐怖症で高いところがダメなんですよ。だから普段の試合でもトップロープに上らないんです。怖くて立てないんで。そんな僕がデスマッチ王者になって、宮本裕向が挑戦してくるときに、相手のキャリアが下だったから『お前が勝てると思うデスマッチを用意してみろ！』ってちょっと上から目線で言ったら、『建築現場デスマッチ』っていうバカな形式を考えてきやがったんです」

――よりによって(笑)。

「一番高い足場が、リングから5メートルぐらいあるんですよ。アレが出てきたときは、さすがに『しまった！ 言うんじゃなかった！』と思いました。あのときは相当ナーバスでしたね、高いっていうだけで。当日、会場入りして、設営要員で宮本の地元のヤンキー仲間がいたんで、『一回、組んでもらってもいいかな？』って頼んだんですよ。そしたら見事な手さばきで、ものの10分ぐらいでアレを組んじゃうんですよ。出来上がって一番上まで上ってみたら、あまりの高さに四つん這いのまま立ち上がれなかったですから。『今日は絶対無理だ！』って思いました。でも、試合になったらいけたんですよ。あの高さから宮本をDガイストで投げたりもしたんで。あれがリングの魔力だと思いますね」

――スイッチが入ってしまえば、そこまでできると。

「僕は、家ではナーバスな感じを極力出さないようにしてるんですよ。それで試合当日、家を出る時にヨメさんと下の子がベランダで見送ってくれるんですけど、そのときの僕の後ろ姿と振り返る回数で、ヨメさんは『今日の形式は危険だ！』って悟るらしいんです。その後にネットで検索すると『ああ、やっぱり！』って再確認するらしくて」

――無意識のうちに悲愴感が……。

「出てるんでしょうね。自分でも『今日はヤバいな』ってときは、振り返る回数が多いなとは思います。またここに、ちゃんと自分の足で帰ってこれるのかな、みたいな」

――そ、そうですか……。しかし、尖ったものとかよりも高いところの方が苦手なんですね。

「高いのはダメですね。最近もFREEDOMSの興行で、リングの脇に足場を組んでの試合をやったんですけど、試合前に試しに、あくまで試しに上ってみたら、やっぱり足がすくみました。そういう形式も何度もやってるんですが、何度やってもダメです」

――最近のデスマッチだとケガの仕方も違いますよね。大仁田さんは「1000針突破！」という節目がありましたが、蛍光灯でのケガだと、何針とかって問題じゃないですよね？

「僕らは病院に行かないので、逆にビックリするぐらい針数は少ないと思いますよ。ホントに、見えちゃいけないものが見えてるとか、そういうぐらいのときじゃないと病院には行かないですから。だから、すぐ病院に行って1000針縫うっていうのが、逆に僕らには考えられないですね」

――なるほど(笑)。

「僕らはいろんなデスマッチがあっていろんな傷ができるので、行きつけの病院だったらスムーズなんですけど、地方大会とかで救急車とかに乗ると大変なんですよ。『自分はプロレスラーで、今日試合をしまして、なぜかリング上に蛍光灯があってですね……』とか説明してから処置してもらうわけじゃないですか。『あ、そう』ってすぐに処置してくれればいいんですけど、中には『キミは、それを望んでやってるのかな？』とか説教を始める先生がいたりするんで。『そういうのはいいんで、とりあえず処置してもらえますか？』って言うんですけどね。関東近郊だったらだいたい行きつけの病院が決まってるんで、近くじゃなくてもそこまで行って診てもらうんですよ。そこの先生は『あ、また(笑)。今日はどこ？』って、すぐやってくれるから非常に楽なんですけど」

――ヤクザ漫画に出てくるモグリの医者みたいですね(笑)。でも病院に行かないときのほうが多いんですよね？ 例えば蛍光灯デスマッチの後なんかはどうするんですか？

「まず、タオルとかで大きな破片をパラパラ払うんですよ。あとはシャワーですね」

――それだけ！

「シャワーは、水圧を緩くして温度もぬるめに設定して、チョロチョロ～って感じで浴びるんです。熱いお湯をバーッと流したら大絶叫することになるんで。で、少し流したら、その日のパートナーや若手とかに、まだ刺さってる破片をちょっと見てもらって。あとは家に帰って、ヨメさんにもう一度チェックしてもらいます。ただ、シャワーがある会場はそれでいいですけど、シャワーがない会場もありますからね。地方とかだと特に。その場合は、破片だけ払ってシャツを着て会場を出るんですけど、そのままホテルだったらまだマシで、『ハネ立ち』って言ってすぐにバスに乗って東京に帰るときとかもありますからね」

――その場合は……？

「血だらけで破片まみれのままシャツだけ羽織って、背もたれに寄りかかることもできないんで、突っ伏したままで夜通しバスに乗って帰る、みたいなこともよくあります」

――軟膏とか薬を塗ったりはしないんですか？

「消毒薬は、傷口を治そうとするイイ菌も殺しちゃうらしいんですよね。だから消毒薬は塗るなって言われてるんですよ。ちょっとした切り傷とかならいいんでしょうけど、僕らレベルになると、もう消毒はするなと。その代わりシャワーをこまめに浴びて傷口を清潔にしときなさいと。だから、じんわり汗をかいたなーと思ったら、またチョロチョロ～っと浴びて。その分、回数も増やして。シャツを

「家に帰るまでが遠足」っていうのと一緒で
「傷がすべて治るまでがデスマッチ」なんですよ。
まあ、全部治ることはないんですけど（笑）。

羽織るのも大変だったり、傷口から出た汁がシャツにくっついて脱ぐときに痛かったりもするんで、デスマッチ後は極力、普段も裸でいるようにしてます。家では子供もいるんで全裸じゃないですけど、上はほとんど着てないですね」

——寝るのも大変じゃないですか。背中はもちろんですけど、胸や腹だって傷があるときもありますよね？

「そうですけど、やっぱり受け身を取る関係で、背中のほうが圧倒的に傷は多いですからね。だからほとんどうつ伏せで寝て、だいたい朝起きると首がおかしくなってるという。要は、デスマッチはリング上だけじゃないってことなんですよ。よく『家に帰るまでが遠足だ』って言うじゃないですか。アレと一緒で『傷がすべて治るまでがデスマッチ』なんです」

——でも、全部治ることってないじゃないですか（笑）。

「ないんですけど(笑)、まあ、リング上で起きてることだけがデスマッチじゃないってことですよ。電車で帰ってる途中に何かの弾みで傷が開いて車内を血まみれにしたこともあるし、あるときは車で近くの駅まで送ってもらって、後ろのトランクから荷物を出してトビラをバタン！って閉めたときに、その勢いで額の傷が開いて、駅の改札前で血まみれになったこともありますから。でも、そのまま電車には乗れないじゃないですか。だからせめて顔だけでもと思ってトイレに駆け込んで顔を洗って、タオルでハチマキして、『あー、危なかった～！』って電車に乗ったら、手だけまだ血まみれだったんですよ。これ、殺人事件と間違われるわ！と思って」

——何をしてても油断できないですね。職質とかも多そうですよね？

「時々ありますね。めんどくさいんで、大会のポスターとか全部見せて、『こういうことをやってます』って全部説明します。お巡りさんも『ああ～、そうなんだ。次の試合はいつ？』なんて言ってくれることもありますよ」

デスマッチファイターの日常

——お子さんもいらっしゃって、家庭生活も大変なのでは？

「そもそもヨメとは僕がプロレスラーになる前からの付き合いで、プロレス入りするときに『頼むから普通に就職してくれ』って泣いて反対してたんですよ。それを押し切ってプロレス入りしたんですけど別れることなく続いて、デビュー3年目ぐらいの頃に上の子ができて結婚したんですよね」

——学生時代からのお付き合いだったんですよね。

「はい。DDTの頃は『食べれなくても頑張ってるなあ』と思ってたみたいなんですけど、そこから急にデスマッチを始めたら『私があれだけ反対したのを押し切ってプロレスラーになって、今度はデスマッチするの？』ってさらに嫌がって。しかも家に帰ったら蛍光灯とかで背中じゅう傷だらけじゃないですか。最初の頃は泣きながら消毒してくれて、そのママの姿を傍らで見てる子供も泣いてるという感じで、やっぱりツラかったですね。僕は『俺はこの道を行くんだ』って決めてるからいいですけど、その俺を見て家族は涙してて、『俺はこれでいいのかなあ』と思ったりはしました」

——お子さんの反応はどうなんですか？　育ってくるにつれ、「他の子のパパとは違う」と思うようになると思うんですけど。

「『他のパパと違う』っていうのはよく言われますね。でもそれがイヤとかではなくて、試合会場にもよく応援に来てくれるんですけど、『みんなの前で闘うカッコいいパパ』みたいに思ってくれてるみたいなんですよね。僕の推定によると」

——そのはずだと（笑）。

「ただ、『僕は怖いからできない』とはいつも言ってますね。僕もやらせたくはないですけど。自分が親の反対を押し切ってプロレスラーになっといてアレですけど、子供にはやらせたくないですね」

——あ、やはり。学校行事とかには参加されたりするんですか？

「行けるときはなるべく行きますよ。上の子の幼稚園の卒園式のときは、包帯グルグル巻きで額に絆創膏を貼った上でスーツをビシッと着込んで行ったもんで、相当浮いてましたね。担任の先生に挨拶に行ったら『お父さん、大丈夫ですか？　どうなさったんですか!?』って心配されちゃいましたけど。逆に、幼稚園の餅つき大会とかがあると『あそこのパパは力持ちだから』って声がかかるんで、『おっしゃ、行きますよ！』って張り切って行きますけどね」

——力持ち、かつ傷だらけですけどね。

「家庭訪問で先生が来たときにテーブルを挟んでお話してたんですけど、先生がずーっと僕のおでこを見てるんですよ。会話してても全然目が合わなくて。見かねたヨメが『実はプロレスラーやってまして……』って説明したら『ですよね～！』ってすごく食いついてきて、その後は観戦に来てくれたりもしました」

——プロレスファンは額の傷は見慣れてますけど、一般の人はなかなか目にすることがないでしょうからね。

「初めて行く床屋さんはいつも困ってる感じですね。普段は行きつけの店があるんですけど、地方とかでちょっと切りたくなるときがあって。いつも短くしてるんでバリカンで刈ってもらってると、おでこ以外にもいくつも傷が出てくるんですよね。一度、バリカンを止めて『あ、ごめんなさい！』って謝られたことがあったんですけど、『ああ、これは昔からの傷ですから』って説明して」

——頭といえば、剣山が刺さって抜けなくなったことがあったじゃないですか（2006年3月、大日本プロレスでのアブドーラ小林戦）。

「あのときは、さすがにすぐ病院に行きましたね。誰が引っ張っても抜けなかったんで。でも、バカだからタクシーで行っちゃったんですよ。救急車で行けば急患扱いになったんですけど、タクシーで行ったから、とりあえず待合室に通されたんです。ただ、僕は顔面血だらけで頭に剣山も刺さってるから、どう見ても急患じゃないですか」

——判断するまでもないですね（笑）。

「しかも入口で警備員さんに止められたんですよ。『ちょっとお待ちください、事件でもありましたか！　今、警察を呼びますので！』って。『いや、そんなんじゃないから』って言って受付に行って、『これ取ってもらえますか？』って言ったんですけど、『と、とりあえず待合室でお待ちください』と。周りには熱が出た子供とかもいて、こっちは顔面血だらけで剣山も刺さってるから子供はジロジロ見るじゃないですか。お母さんが『見ちゃいけません！』って血相変えてましたね(笑)。それで30～40分待たされて先生のところに行ったら『あの、どのような状況でそのようなことに……』って聞かれたんで、『剣山だらけのところに投げられちゃって。それで刺さって取れないんです』って答えたら『過去に前例がない……』ってオロオロしてて。まあそうですよね。で、『そんなことはいいから、とりあえず抜いてほしいんですけど』って言ったら『頭蓋骨の損傷を見たいので、CTとレントゲンを』と。またCTが15分ぐらいかかるんですよ。しかも後頭部に刺さってるから『首を浮かしたままにしてください』って言われて。そんなのプロレスラーじゃないと無理ですよ！」

——いやいや、そもそもプロレスラーじゃなければ、後頭部に剣山は刺さらないと思いますけど。

「確かに(笑)。それでレントゲンも何パターンか撮って、小一時間待たされて。もう一度診察室に呼ばれて『頭蓋骨に異常はなかったんですけど、どうしましょうか？』って言うんで、『もう力ずくしかないんじゃないですか』ってことで、夜中の2時とかだったし、何科とか関係なくそのときにいた男の先生がみんな呼ばれて、ベッドにうつ伏せで寝た僕の身体や頭を何人かで押さえて、一番力のある先生がグリグリグリーッと力ずくで抜いたんですけどね」

——えーと、麻酔は……。

「あ、麻酔は打ちました。でもすごくぶっとい注射器を持ってきたんで『そんなの打つんスか!』って言ったら『いやぁ、剣山よりは痛くないと思いますよ〜』って言いながら脳天にグリグリーッと打たれて。そもそも僕があまり病院に行かないのは、麻酔がイヤなんですよ。麻酔って傷口に近いところにグリグリ打つじゃないですか。そんなの打たれるぐらいだったらこのままでいいかなと思っちゃうんで」

——あっ! 麻酔を打たれるときは、もうスイッチがオフになってるからですね。

「そうなんです。だからリング上で縫ってくれるんだったらいいんですよ。リング上だったら、麻酔なしで縫ってくれていいぐらいです。お客さんがそれを見て『おお、すげえ!』って言ってくれるんだったら。でも、試合が終わって控室に戻って、自分がケガをしてるっていう時点で、アドレナリンが一気に引きますからね。で、病院に行く時点でほぼゼロになって、その状態でお医者さんとマンツーマンじゃないですか。まだ、看護婦さんがバーッと周りを囲んで『ガンバレ! ガンバレ!』って応援してくれるんだったらいいですけど、オッサンと2人きりで『じゃあ縫います』って言われても、テンション上がりようがないですから」

——いわば「デスマッチ賢者タイム」みたいな(笑)。いわゆる賢者タイムみたいに「俺、何やってんだろう……」みたいになったりもしますか?

「いや、そこまではならないですね。縫われるときとかはテンション下がるし、翌朝とかに『痛ぇ〜!』と思うときはありますけど、バカなんで2〜3日経つと『うぉ〜、またやりてえ!』ってなるんですよ。やっぱり、お客さんの『おお、すげえ!』みたいな声が欲しくなるんです。レスラーなら誰でもでしょうけど、デスマッチファイターは特にそんな感じだと思います」

——そういう観客の反応の究極が「キ○ガイ」コールですよね。

「あれはデスマッチファイターにとっては最高の賛辞ですからね。でも、お客さんの要求に応えようとしすぎると、取り返しのつかないことになる可能性もある。だからデスマッチは、変な話ですけど、頭がよくないとできないんですよ。葛西ともよく話すんですけど、危ないところにただ突っ込んで救急車で運ばれるだけだったら、素人でもできるんです。僕たちはどんなに危ないところに突っ込んでも、どんなに血まみれになっても、自分の足でスタスタと控室に帰って行ける。それがデスマッチファイターとド素人の違いなんです。そこに僕らのポリシーがあるんですよ」

若手の成長と代表としての夢

——佐々木選手はFREEDOMSの代表でもあるわけですが、その立場から見た自身の団体、所属選手についてはいかがですか?

「自分の試合だと『何だってやってやるよ!』という感じなんですけど、代表として見るとデスマッチなんかとんでもないですよね(笑)。頼むから早く終わって無事に帰ってきてくれと思いますから。でも現状、ウチの一番のセールスポイントは葛西純というデスマッチのカリスマを抱えていることだと思うんですよ。彼が神掛かった輝きを発する中で、最近は正岡大介や吹本賢児といった若手が新世代のデスマッチファイターとして育ってきていて、奇想天外というか、そこがまだあったか! という部分に着手してきてますよね。わかりやすく伝わりやすい、その上で、そこ行っちゃダメだろ!っていう新しいデスマッチ・シーンを築き上げつつあると思います」

——経営者としては、頼もしいところですね。

「そうなんですけど、イチ選手としては彼らに連敗してるんで、ヤバいなと。だから複雑なところではありますね」

——もしかしたら一番複雑な立場のデスマッチファイターかもしれないですね。

「そうでしょうね。会社の体制を変えたこともあって、てんやわんやでリング上では思うような結果が残せてない部分もあるんですが、今年はデビュー20周年でもあるので、ここからまた僕にしかできないような何かを見つけて上がっていきたいです」

——究極の夢は?

「横浜スタジアムでの大会です。今は新日本プロレスさんが年に1回の東京ドーム大会を開催してますが、以前はFMWやIWAジャパンが川崎球場とかでやったりしてたじゃないですか。あんな感じで野外球場での大会をやりたいんですよ。自分、横浜ベイスターズファンなんで、キレイになったハマスタで、超大物外国人とかじゃなくて世界中の知られざるデスマッチファイターをいっぱい集めて、グッチャグチャのデスマッチの祭典をやるのが夢ですね。怒られそうですけど(笑)」

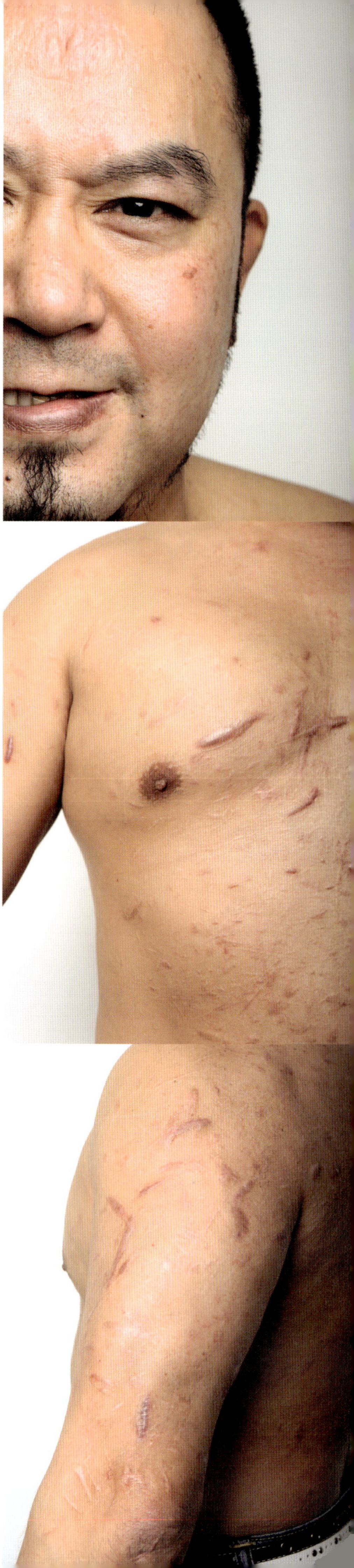

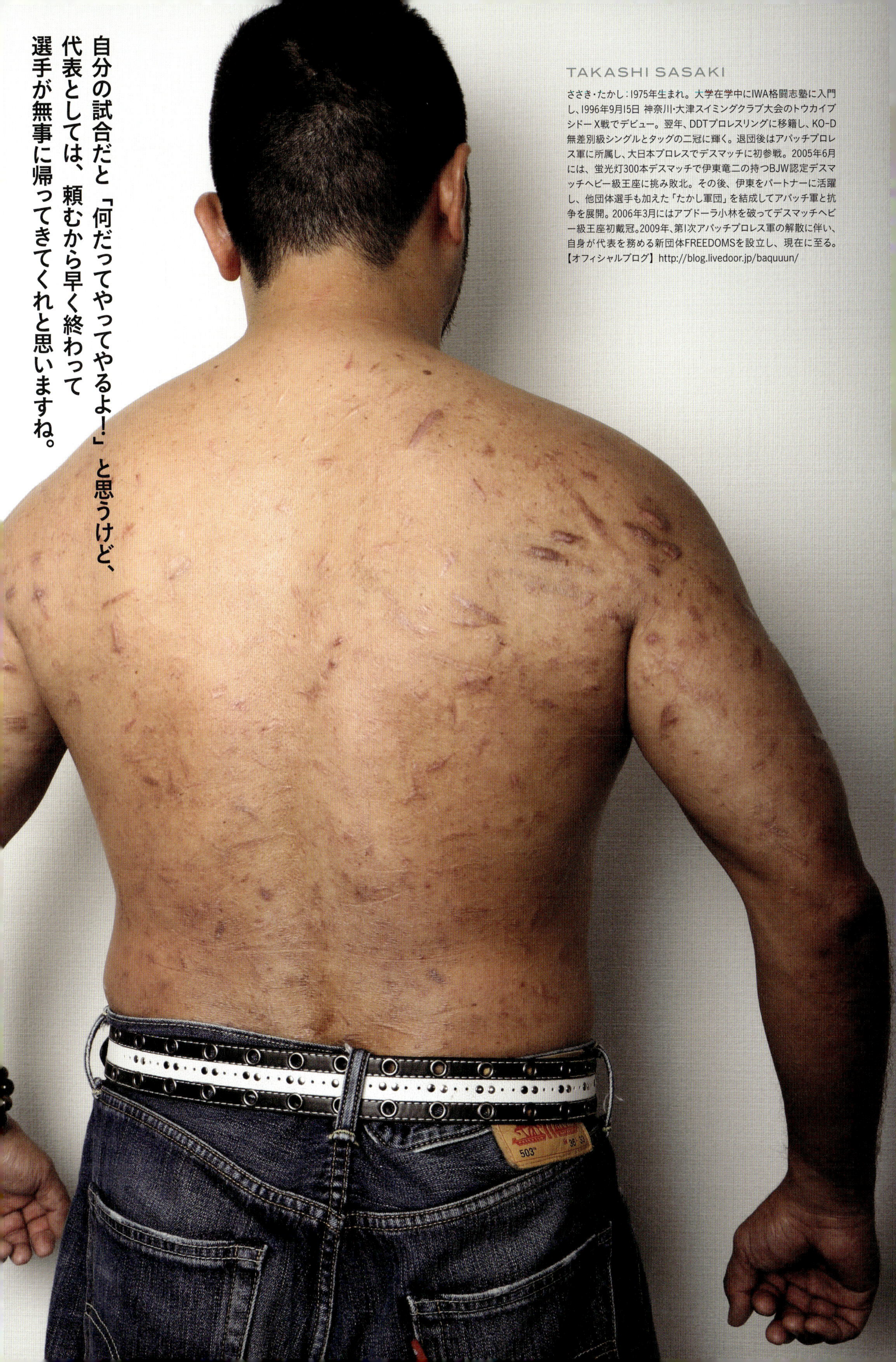

自分の試合だと「何だってやってやるよ！」と思うけど、
代表としては、頼むから早く終わって
選手が無事に帰ってきてくれと思いますね。

TAKASHI SASAKI

ささき・たかし：1975年生まれ。大学在学中にIWA格闘志塾に入門し、1996年9月15日 神奈川・大津スイミングクラブ大会のトウカイブシドー X戦でデビュー。翌年、DDTプロレスリングに移籍し、KO-D無差別級シングルとタッグの二冠に輝く。退団後はアパッチプロレス軍に所属し、大日本プロレスでデスマッチに初参戦。2005年6月には、蛍光灯300本デスマッチで伊東竜二の持つBJW認定デスマッチヘビー級王座に挑み敗北。その後、伊東をパートナーに活躍し、他団体選手も加えた「たかし軍団」を結成してアパッチ軍と抗争を展開。2006年3月にはアブドーラ小林を破ってデスマッチヘビー級王座初戴冠。2009年、第1次アパッチプロレス軍の解散に伴い、自身が代表を務める新団体FREEDOMSを設立し、現在に至る。
【オフィシャルブログ】http://blog.livedoor.jp/baquuun/

超人!? 狂人!? 変人!? デスマッチ団体を自由に闊歩する狂える戦士たち

FEATURED

CRAZ
FIGH

バラモン兄弟

CRAZY FIGHTER
01

OTHERS!!!

BRAHMAN BR

ボウリングの玉に墨汁、生ゴミ、生きたウジ虫に豚の頭……これらはすべてバラモン兄弟が試合で実際に凶器として持ち込んだ狂気のアイテムだ。スーツケースいっぱいにそれらを詰め込み、客席に水を撒き散らしながら乱入。会場を阿鼻叫喚の地獄絵図に落とし入れ、普通のプロレスでもデスマッチでもなく、もはや「バラモン」としか言いようのない独自のジャンルを突き進むクレイジーな兄弟――兄：バラモン・シュウと弟：バラモン・ケイ。落ち武者のごときヘアスタイルもインパクト抜群の、世にも稀な双子タッグの真実に迫る！

取材・文◎大谷 弦

プロレスは男だけの見せ物！会場に女子供はいらない！

――バラモン兄弟ならではのアイテムといえば生きた虫ですが、試合に導入することになったキッカケは？

ケイ「こいつらはアイテムじゃねえぞ！　みんな命があるんだよ！　俺らの戦友だぞ！　戦友!!」

シュウ「闘いながら次々に死んでいくけどな、俺たちと同じ戦場で闘う仲間なんだよ」

――では、この虫……じゃなくて戦友の方々はどこから探してきているんですか？

シュウ「別に探してくるわけじゃない。俺たちと一緒に住んでるんだよ」

ケイ「ゲゲゲの鬼太郎と一緒で、家にいるといつの間にか集まってくるんだよ。それぞれ名前もあるんだぞ、一匹ずつ」

シュウ「たまに我々に攻撃してくるヤツもいるけどな。タランチュラに咬まれたときは、真っ黒に腫れてヤバかったぞ！」

――壮絶ですね……。他にも墨汁とか、豚の頭とか……。

ケイ「ウンコもあるぞ！　今日は朝出なかったから持ってこなかったけどな！」

シュウ「墨汁は相手にダメージを与えるためにやってるんだ。墨っていうのは、もともと敵に吹きかけて使うものだろ？　タコとか、そうやって生き延びてるじゃないか」

ケイ「人間の使い方が間違ってるんだよ。バクザン先生みたいに字なんて書いてる場合じゃないぞ！」

――懐かしいですね、よかいちのCMでおなじみ榊莫山。あとは、マグロの頭とか豚の頭もリングに持ち込んでますけど、プロレス史上、空前にして絶後だと思います。

シュウ「豚の頭はな、ある日、家に帰って来たらベッドの中に置いてあったんだよ」

ケイ「『ゴッドファーザー』の殺し屋みたいなヤツがいるんだよ！　俺らは狙われてるんだよ!!」

シュウ「お前は豚の頭で殴られたことないだろう。骨も肉も詰まってて、すげー硬くて痛ぇんだぞ！」

ケイ「豚の腸も使ったことがあるが、あれは病気になるぞ。小腸と大腸で出てくるモノが違うんだ。小腸からゲロ的なものが出てきてすげー臭くて……」

シュウ「大腸からはウンコが出てくるんだ！」

――とにかく、すごく臭いことはわかりました！　そういうアイテムや戦友を駆使するスタイルはごく自然な形で生まれたんですね。

ケイ「そうだな。俺たちは見世物小屋で生まれ育ったんだが、虫と暮らしながら『将来はこういうふうになりなさい』っていう教育を受けてきたんだ」

シュウ「見せ物小屋にも夏休みがある。それで夜中にトイレ行くと、違う部屋から手招きするヤツがいてな。そのまま入っていくと、そいつが我々にいろんなビデオを観せるわけだ。『悪魔のいけにえ』とか、『死霊のしたたり』とか」

ケイ「『ミミズバーガー』とかな！　英才教育だよ、見せ物小屋の!!」

虫はアイテムにあらず！　次々死ぬけど戦友なり!!

――おふたりは昔からホラー映画がお好きだったんですか？

シュウ「好きとか嫌いとか選べない。そういうもんだろ？　歌舞伎の世界だって、小さい頃から舞台に上げられて、有無を言わさずやらされるじゃないか」

ケイ「逃れられないんだよ。ほぼ洗脳だからな」

――そういったセンスや感覚をプロレスで表現していくというのは、バラモン兄弟ならではの試みだと思います。

シュウ「表現してるわけじゃないぞ。そのまんまだからな。俺たちがもともと持ってたスキルが、たまたま試合で出ただけなんじゃないか？」

ケイ「別に何か特別なことをやろうと思ってるわけじゃないからな。俺たちはただ闘っているだけだ」

――観客とも闘ってますよね。入場時に水を撒き散らしたり、アイテムや戦友をブチ撒けたり。

ケイ「あれは『俺たちはお前らが嫌いなんだよ！』っていう意思表示だ」

シュウ「それと『お前ら黙って観てんじゃねーよ！』っていう気持ちもこもってるな。アイツらはカネ払って座っ

取材当日、バラモン兄弟が持参したデスマッチアイテム……じゃなくて戦友のみなさん。ヒィー！

て観てれば安全だと思ってるんだろ？　それでいいのかって。ローマ時代のコロシアムじゃねぇんだよ」
ケイ「お前らが来てるのは戦場なんだ。その空気と匂いを感じろ。全部が戦場なんだから、リングだろうが客席だろうが差はないんだよ」
シュウ「ただアイツらが勝手に『これは私たちが観てるショーなんだ』って思い込んでるだけなんだよ。でもな、そんな線なんてどこにもないんだよ。テレビで垂れ流されてる映像じゃないんだ。現場にいるんだから、一緒に参加して恐ろしさを味わえ」
――なるほど……。観客はちょっと平和ボケしてるのかもしれないですね。
ケイ「そう、日本人は平和ボケしてる。だから行っちゃいけないとこに行ったり、ヤっちゃダメなことをヤっちゃうんだよ！」
シュウ「我々は常に緊張感を持って闘ってるんだ。人前に出てないときでも闘ってるからな」
――誰も観てないところでも闘ってるんですか!?
シュウ「当たり前だろ。闘いに誰かが観てる必要なんてあるのか？　我々は観客もマスコミもいないところで、ニワトリと闘ったりとかしてるぞ！」
ケイ「そのニワトリに勝ったあとは、ちゃんと美味しく食べたぞ！」
――おふたりは観客のことが嫌いかもしれないですけど、バラモン兄弟の闘いが観たいというファンがたくさんいますよ。
ケイ「我々にファンなんているのか？　世も末だな」
シュウ「こんなもん好きになるヤツなんか……頭おかしいだろ！」
――特にプロレスを初めて観たような人は、みんな「バラモンがよかった」って言いますよ。プ女子にもバラモンファンが多いですし。
ケイ「プ女子？　そんなのがいるのか？」
シュウ「そんなヤツらいらないだろ！　排除していこう！」
――プ女子は排除ですか？

シュウ「この世の中は女子のためにできてるんじゃないぞ。プロレス会場に女子供はいらない！　男だけの見せ物だ！」
ケイ「プロレスっていうのは、日雇い労働者とかが、ワンカップ酒飲んで、裂きイカとか食いながら観るもんだろ？　試合を観てエキサイトしたオッサン同士がケンカ始めたりして、その中で我々が闘うとか、そういうのがよかったはずなんだよ」
シュウ「酒場とかでケンカになって、人が輪になって中で殴り合うのが原点じゃねえか。『ダーティファイター　燃えよ鉄拳』みたいな。ああいう世界に女子はいねえだろ！」
――プ女子はともかく、バラモン兄弟のファンはたくさんいますよ。グッズとかも売れてますし。
シュウ「グッズだと？　そんなもの売ってるのか？　大日本プロレスが勝手に作ってるだけだろ！」
――入場曲のCDが欲しいという声もあります。
シュウ「CD化なんてしない！　配信もしない！」
ケイ「そうやって何でも簡単に手に入ると思うなよ！『バラモンのうた』はな、会場に来なきゃ聴けないんだよ。そんなに聴きたきゃ、お前ら頑張ってカセットテープに録ったりしろ！」

〝マスター〟ザ・グレート・サスケと「宇宙大戦争」

――みちのくプロレスの年末興行「宇宙大戦争」では、ザ・グレート・サスケ選手と10年も抗争を続け、現在は「ムーの太陽」としてユニットを組んでいます。
シュウ「マスターに対しては、我々は崇拝してるんだ。あの人がいなかったら、地球は破壊されてみんな死んでたからな」
ケイ「あの人のおかげで、みんな生きてるんだぞ！」
シュウ「初めはザ・グレート・サスケのことを地球を侵略しにきた宇宙人なのかなって思って闘ってたんだが、いろいろ違うことが判明したんだよ。逆に地球を常にずっと見守ってた神のような救世主だったんだ」
ケイ「ザ・グレート・サスケが釈迦やキリストだったっていう噂もあるからな。地球の歴史の裏にサスケありだ！」
シュウ「我々がこのくだらないインタビューをされてる間も、マスターは闘ってるんだよ」
――プロレスラーとしてもサスケ選手のことを尊敬していますか？
シュウ「プロレスラーっていうのはマスターの一部でしかないからな。リングで闘ってるだけじゃなく、宇宙全体を巻き込んでる。ステージはあそこ

だけじゃない」
ケイ「観客はリング上のマスターしか見てないけど、我々は常に彼の闘いを見てるからな。売店にいるときも常にイニシエーションを観客に送り続けてる。身体ボロボロになりながら。あれは自己犠牲だよ。身体を傷つけて、地球や人類を救済してるんだ」

――バラモン兄弟の試合の目的も人類救済ですか？

シュウ「いや、それはマスターと一緒のときだけだ。マスターが側にいると我々もそれに協力しないといけない」
ケイ「信者も集まってきてるからな。我々は特に何かのために闘ってるわけじゃない」

――では、レスラーとしての野心はありますか？　メインでやりたいとか、ベルトが欲しいとか？

シュウ「そこはもういいだろう。たまにベルト挑戦とか回ってくるけど、こっちからアプローチするとかはないだろうな」
ケイ「そっちにいかなくても自分たちのペースでやってるからな。何かのチャンピオンになってしまったら、戦友たちと一緒に闘えなくなるかもしれないじゃないか。そんな制限の中で闘ってたら、ストレスが溜まって死んでしまうかもしれないよ」

――最近は会場の都合で、戦友やアイテムが使えなくなってきてるみたいですね。

シュウ「俺たちはやりたいんだが、会場側がやらせてくれないんだよ。新木場（1stRING）は、比較的大丈夫だったんだが……」
ケイ「あそこは管理人が変わってから厳しくなったんだ！　ミカンもダメってどういうことだ！」
シュウ「いろんなものが少しずつダメになっていく。後楽園ホールは遺灰もダメ、バルコニーからの水も禁止されている」
ケイ「お告ゲル（スライムによく似た緑色の粘物）も最近、後楽園では降りてこなくなった。あれは神が私の身体に何かを宿したときに出るエクトプラズムみたいなものなんだが、あの場所ではそういう気が弱まってきた気がする。たぶん現代社会が悪いんだな！」
シュウ「明るい場所が増えすぎたんだ。見えないものの気配を感じられなくなくなってきた」

――禁止されなかったら、こんなアイテムを使ってみたいというモノはありますか？

シュウ「我々のファーザーが死んだときに、その死骸を使おうと思ってたんだが、会場に持っていく前に火葬されちゃったんだよ。落語の『らくだ』みたいに、死体をチョンチョンって動かすのがやりたかったんだが……」
ケイ「古代恐竜バラモドン（イグアナによく似た古代怪獣）も、最後は人間不信になってしまってな。エサをあげようとするとパシーンってシッポで攻撃するようになってしまった。ヤツももう死んで、ひっそりと近所の公園に埋まってるぞ」
シュウ「死にそうといえばカラテ（バラモン）がいるな。アイツが死んだらその遺体をリングに持ちこんでやるぞ！」

あれじゃね？

BINGO!

プ女子退散！
プ女子撲滅‼

プ女子はどこだ！
プ女子って何？

これが軍団の一員、
カラテバラモンだ!!!

バラモン兄弟とともに戦うカラテバラモン。手に下げた袋の中身は、凶器に使う大根、ネギ、スイカ……もはや、買い物帰りのオッサン状態。

——カラテバラモンさんは、どういう経緯でバラモン軍団に加入したんですか？

シュウ「あいつはすごいぞ。いつの間にかいるからな」

ケイ「初めて会ったとき、『お前は昔何やってたんだ？』って聞いたら『泥棒です』って言ってたんだぞ！　泥棒から転職してリングで試合するって、そんなヤツ今までいねぇだろ！　しかも病気で内臓がボロボロになってて、医者から『30歳で死ぬ』って言われてたらしいぞ。カラテの家族は早死にの家系みたいで」

シュウ「だから、ああいうパフォーマンスができるのかもしれないな。常に死と隣り合わせだから」

ケイ「内臓が悪くてご飯を食べるのも必死だからな。カラテが一回倒れたことがあるんだが、そのときは蕎麦とカツ丼を食べてたら身体がおかしくなったらしいんだよ。で、その後、ご飯食べるとこに居合わせたから『今日は何食べるんだ？』って聞いたら『へへっ、カツ丼とお蕎麦』って同じモノ食ってんだよ！　また倒れるじゃねぇか！」

シュウ「あいつは毎日が最後の晩餐だぞ！　生きるために食べなきゃいけないのに、食ったら死ぬっていう大いなる矛盾を抱えてるんだ」

ケイ「ただ、今死んだりしたら我々の責任にされそうだからな。そういう意味ではずっと元気で頑張ってほしいけどな」

どの団体でも「バラモン」は「バラモン」

——プロレス界でライバルとか、気になるレスラーはいますか？

MISSION COMPLETE!!!!

KAMINOGE

どう見ても喜ばれちゃってるけど相手がブ女子なので、まあしょうがない。

シュウ「気になるとかはないな。そもそも気にしない」

ケイ「レスラーはどうでもいいが、鳩おじさんとかどこに行ったんだろうっていうのは気になるぞ。ナンジャおじさんとか、子供の頃、街にいた名物おじさんたちはどこ行ってしまったのか、ずっと気にかけてる。ああいう人たちが大手をふって世の中を生きていけないのは寂しいな」

――バラモン兄弟は様々な団体で試合をされていますが、その他にまだやってみたい団体はありますか?

シュウ「団体とか特にないな。我々はやりたくなったら、外でもどこでも闘いはできるからな」

ケイ「プロレス界がどうこうっていうことじゃないから。そもそも人に観せるものじゃない」

――大きな団体……例えばWWEからオファーがきたらどうします?

ケイ「WWEだかなんだか知らぬが、我々はどんな場所でも同じことをやるだけだな」

シュウ「出たとしても、一回だけやってクビになるだろうな」

――とはいえ、団体ごとにカラーがあって、いろんな選手がいるじゃないですが。例えばレッスルワンで対戦した船木誠勝選手は、バラモン兄弟との試合後に「今までやったことがないプロレスの世界観に足を踏み入れた感じ。終わって家に戻ってきたときに一瞬、もう引退してもいいなと思った」とコメントをしていて、レスラー人生のターニングポイントになったそうですよ。

シュウ「どういうことだ? 俺たちとの試合がそんなに大変だったのか」

ケイ「何が不満だったんだ?」

――スタイルの違いというか、エンタテインメント性の違いというか……。

ケイ「あぁ 俺たちの闘いはエンタテインメントだったのか。それは気がつかなかった。教えてくれて、どうもありがとう」

シュウ「船木選手はまだわかってないんじゃないかな? 引退なんてしないで、まだまだやったほうがいいと思うぞ。船木選手にひきこもりになられたら困るからなぁ」

ケイ「急にインドとか行って、妙にサイケになったり、悪いもの覚えて帰ってこられても困るしな」

――試合スタイルで言うと、蛍光灯デスマッチなども経験されたことがありますよね。竹串を頭に刺されたりとか。

シュウ「一瞬やったけどな。我々は我々でいいんじゃないかな」

ケイ「デスマッチと言えば、ウチのファーザーは会場に来て本気でサスケを殺そうとしてたからな。我々の本当の敵だと思い込んで」

シュウ「これは本当だぞ! 後楽園ホールに包丁持ってきてたからな。ファーザーはどこかのオンナと観に来てたんだが、我々がサスケに負けたら刺しに行こうと思ってたらしいんだ。それで我々が負けてしまって、ケイが丸坊主になったんだ。そしたらなぜかオンナが泣き出してしまって、それを観てたら刺しに行くタイミングを外してしまったそうだ」

――その女性の涙のおかげでサスケさんは生きてるんですね。それにしてもファーザーさんは覚悟がある人ですね。

シュウ「覚悟があるとかじゃなくて、ちょっと違うんだよ。人格がちょっと歪んでる」

ケイ「もともとは宇宙の戦士だったんだけどな。酒が大好きで、飲みすぎて頭がおかしくなってしまったのかもしれない」

シュウ「最後は病院のベッドにいるときに、我々を指差して『お前らの足下に穴が空いてるから気をつけろ』って言ってたんだぞ!」

ケイ「ファーザーには地獄の門が開いてるのが見えてたのかもしれないな」

――ハハハ! それは笑えない話ですね(笑)。

シュウ「大丈夫だ。我々は笑い話として話している」

ケイ「ファーザーは最後は脳みそが真っ黒になって死んでいった。地獄で仲間と酒でも呑んでるといいな」

――バラモン兄弟はおふたりとも常にグッドシェイプですよね。コンディションもよさそうです。

シュウ「必死でよくしてるんだよ! 俺らは今年で39だぞ! もうちょっと経ったらバカボンのパパと同い年だぞ!」

ケイ「シュウは首も腰も悪いからな。たまにマスターのイニシエーションを受けてなんとか保ってるんだ。あとは自分で手かざしをしたり。やってくれる人がいないから自分で手をかざすしかないんだよ」

――レスラーとして引退を考えたりとかは……。

ケイ「続けるよ。我々はもう後戻りできないからな。社会から完全にドロップアウトしてるんだから!」

シュウ「社会復帰なんてできないだろ。やり直しできる期間がとっくに過ぎてる。みなさんは、他のことをちゃんとコツコツやって社会に参加してるんだろ? 我々みたいなこんな頭じゃできないだろ!」

ケイ「将来への不安しかない」

シュウ「ただ、このままやり続けて、100歳まではやりたいとは思ってる」

――金さん銀さんと並びますか!

シュウ「金さん銀さんなんて、双子で100歳まで生きてるだけでスゴいってなっただろ? 我々が100歳で双子のジジイになって、口からゲロ吐いたり墨汁吐いたり昆虫投げたりしてたら、こいつらヤバいって世界中が驚くだろ!」

――歴史に残りますよ! では、双子タッグはずっと続けていくんですね。

シュウ「それはもう我々は一心同体みたいなもんだからな。人から見たらタッグかもしれないけど、もともとはひとりだからな」

ケイ「生まれたときはくっついてたんだぞ! だから、どちらかがいなくなって、独りになったら不安になるな。自分を肯定する存在がいきなりいなくなるんだから」

シュウ「こういうことをふたりでやってるからまだ心に余裕がある。ひとりでやってたら、ただの頭のおかしい人になっちゃうぞ」

ギシャ
イヤァァ

――プライベートでも常に一緒にいるんですか？

シュウ「それはないな。私は基本的に家というか、洞窟に引きこもってるからな」

ケイ「俺はひとりで街を徘徊してる。最近はコンクリートの壁に赤いちっちゃい虫がいっぱい発生してるから、あれの数を数えてることが多いな。でも、これは趣味というより使命だな」

――おふたりでボウリングしたりとかは？

シュウ「ボウリングは……やったことないなぁ。いつも使ってる玉も、誰かがウチに置いていっただけなんだよ」

ケイ「たぶん、中山律子じゃないか？」

――ケイさんは、街を徘徊してたらファンから声をかけたりされませんか？

ケイ「たまにあるけど……怖いよな」

シュウ「急に声かけられると、ほんとに発狂しそうになる。思わず『うあーー！』って叫んだこともあるぞ！」

ケイ「普段はバレないようにしてるからな」

シュウ「私は基本的に人嫌いだからな。今日だってここまでくるのが大変だったぞ。前に職質されたことがあって、本当にテロリストと間違えられたからな。身分証見せたら『すいません、日本人でしたか』って言われたけど」

ケイ「お前もよく考えてみろ。街を歩いてて、なんか目線を感じてそっちの方向をみると、サンドマンかなんかのTシャツ着てるヤツがこっちをジッと見つめてたりするんだぞ！ 怖いだろ～！」

シュウ「俺たちはその場所に同化してると思ってるのに、ヤツらは見つけてくるんだよな。大きな地球の小さなかけらとしてヒッソリ生きてるだけなのに」

ケイ「我々はダークゾーンに潜んでるペガッサ星人みたいなものだからな。……ひとこと言わせてくれ。我々を見つけても声をかけるな！ 怖いから！」

シュウ「俺たちは常に闘ってるんだから危ねぇぞ！ 敵かと思うだろ！」

――リング外でのモチベーションはありますか？ お金が欲しいとか、地位とか名誉とか。

ケイ「金はそんなにいらないな。俺たちは金のために闘ってるわけじゃない」

シュウ「生きていければいい」

――女子からモテたいとか？

シュウ「それは本当にない！ 昔、アイドルをやらされたときとか、本当にツラかったんだぞ！ トラウマだから思い出したくもないけど、あのときのフラストレーションが今こうなってしまった原因だ！」

ケイ「我々がリング上で歌ってると、ひとりふたり立ってみんなトイレ行ってしまうんだぞ。やってられるかって話だ！ そもそも我々だってこんなものウケないと思ってやってるんだから」

シュウ「ウルティモがやれって言ったことなのに、アイツが影で『セーラーボーイズは失敗だ。企画倒れだ』って言ってるのが聞こえてくるんだぞ！」

――まさに黒歴史。では今は何が一番のモチベーションですか？

我々はプロレスラーにあらず！
闘いは仕事じゃないから厳密には無職!!

BRAHMAN
SHU

BRAHMAN
KEI

シュウ「そんなものがなきゃいけないのか？ 例えば何だ？」

——えーと、幸せになりたいとか？

ケイ「しあわせぇ？？？？？？」

シュウ「幸せなんて、考えたこともないぞ！ みんなそんなこと意識してるのか？」

ケイ「幸せという概念を教えてもらいたい！」

——何かを成し遂げるとか、家族を作るとか……。

シュウ「家族を作る？？？ 俺はひとりになりたいぞ！」

ケイ「幸せなんて虚言だよ、虚言！ そんなものは存在しないんだ！」

シュウ「そんな言葉があるからみんな信じてるけど そんなモノはない！ それによってみんな救われようとしてるけど、幸せなんてないから無理！ 愛も平和もない！」

ケイ「お前は幸せを感じたことあるのか？ そんなものはない。それでも生きていかなきゃいけないんだ」

——では、バラモン兄弟が闘う意味は？

シュウ「意味などない。鳥が空を飛ぶのと一緒だ。我々はすべてを否定してるし、存在価値もない」

ケイ「闘ってる我々に存在価値なんてないんだよ。すべてが無駄。このインタビューも無駄だ！」

シュウ「一〇〇年後には誰も生きてないし、すべてが虚無、何も無い世界になってるぞ。『ネバーエンディング・ストーリー』の黒いモヤモヤに飲み込まれるだけだ」

——プ、プライベートはともかく、プロレスラーとしてのバラモン兄弟の活躍を期待してます！

シュウ「だから、我々はプロレスラーじゃないんだよ！ 闘いは仕事じゃないからな。厳密には無職なんだよ！」

ケイ「レスラー名鑑に我々の名前が載ってるのがそもそもの間違いだ。バラモン兄弟のことは無職名鑑に載せてほしい！」

シュウ「無職名鑑には、我々とカラテの名前しか載ってないけどな！」

BRAHMAN BROTHERS

ばらもんきょうだい：バラモン・シュウ（兄：佐藤秀）とバラモン・ケイ（弟：佐藤恵）による双子（1977年7月5日生まれ）のタッグチーム。ともに闘竜門9期生としてメキシコに渡り、2002年5月11日、現地で鯱魔神3号&4号としてデビューを果たす。その後、みちのくプロレスに活動の場を移し、秀と恵に石森太二を加えたトリオ「セーラーボーイズ」、ザ・グレート・サスケと組んだ「ニュー・セーラーボーイズ」でベビーフェイスとして活動。2005年、ヒールに戻りサスケと抗争を展開。リングネームをバラモン兄弟に改め、現在のファイトスタイルに。2010年より大日本プロレスのリングに上がり、デスマッチにも参戦。その唯一無二のパフォーマンスで人気を博し、現在に至る。
【オフィシャルブログ】http://ameblo.jp/brahmanbros/

CRAZY FIGHTER 02

竹田誠志

MASASHI TAKEDA

町田生まれのナチュラル・ボーン・デスマッチキ○ガイ、
限界知らずのデスマッチ愛を語る！ 笑う!! 咆える!!!

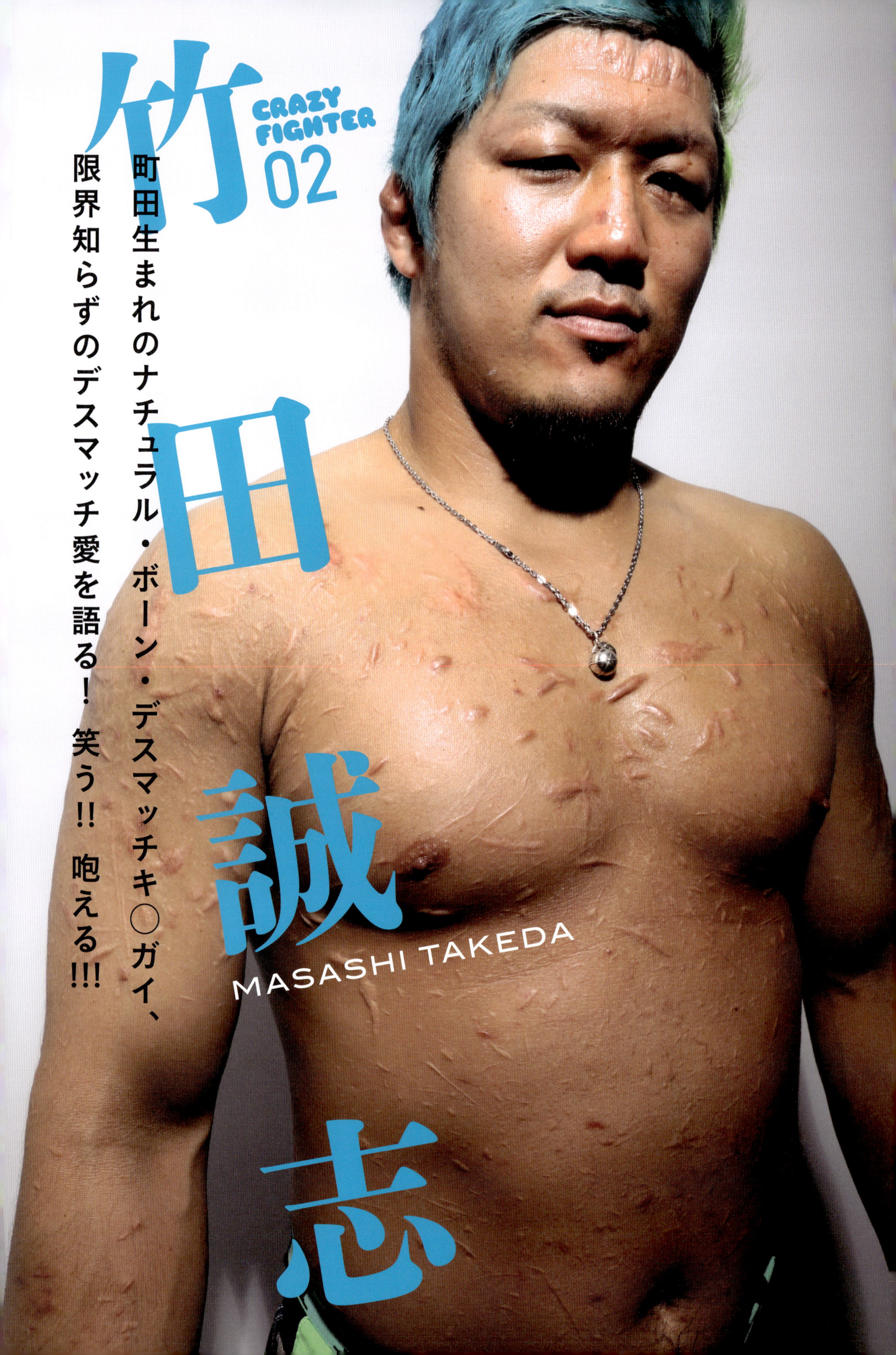

東京都町田市が生んだ、屈託なき狂乱のデスマッチファイター・竹田誠志。総合格闘技出身という異色の経歴を持ちつつも、本人的にはデスマッチ一途で歩んできた人生を少年時代から振り返り、何が男をそこまでデスマッチへと向かわせるのか？ 何を欲して自らの肉体を凶器と狂気の坩堝へ叩き落すのか？ その激しく果てしないデスマッチ愛に迫る！

取材・文◎鈴木 佑

傷痕は男の勲章

——いきなりですが、個人的に竹田選手のエピソードで好きなのが、試合の傷痕を女の子に乳首と間違えて舐められたというお話で（笑）。

「ハハハハ！ 確か5〜6年前ですかね。電気暗くしてわからなかったからか、傷を急に舐めだしたから『ちょっとちょっと！』『あ、間違えた』みたいな（笑）」

——他にも、何か傷痕に関するエピソードはありますか？

「銭湯に行ったら、刺青だらけのオッサンに『兄ちゃん、何やってるの？』って言われたり、『かなり激しい抗争だったんだろ？』って驚かれたりですかね。税関でも毎回止められます。前に沼澤邪鬼さんと一緒だったとき、『オマエたちは日本で殺しの経験はあるか？』みたいなこと聞かれて。切ない話だと、親切が仇になることもありますよ。電車の中でお年寄りに席を譲ろうとすると、こっちの顔を見てから『いいです』って言われたり。まあ、他にも特殊な趣味があるとか、触れちゃいけない病気だとか、いろいろ勘違いされますけど、それを気にしてたらどこにもいけないんで」

——「デスマッチファイターにとって傷は勲章」という思いは？

「ありますね。他の選手にも傷の数じゃ負けないと思ってます」

——そんな竹田選手がデスマッチファイターになるまでを振り返ってもらいたいんですが、そもそもプロレスを好きになったきっかけは？

「たまたま小5くらいのときに、新日本プロレスの東京ドーム大会をテレビで観ていて、グレート・ムタVSパワー・ウォリアーを面白いなと思って。それから、学校の友達にもプロレス好きがいて、みんなでスーパーファミコンの『スーパーファイヤープロレスリング』にハマって。よくブレード武者（ムタがモチーフのキャラクター）を使ってました」

——そこからデスマッチにハマったのは、大日本プロレスのビデオを観てからだとか？

「そうです。中2のとき、友達がレンタルビデオで血だらけのオッサンがパッケージのビデオを見つけて、それを仲間内で観たんです。そのオッサンっていうのがグレート小鹿さんやケンドー・ナガサキさんで、周りはけっこう小鹿さんの容姿を『やべーな！』みたいな感じで笑ってたんですけど（笑）」

——『料理の鉄人』や『ゴルゴ13』とか、コスプレ社長として注目されてた頃ですかね。

「でも、そのときに僕は違う感情が沸いたというか、『流血がハンパじゃないな。コレ、痛いのかな？ 俺もちょっとやってみたいな』って思ったんですね。まあ、当時はまだ別の夢があったんですけど」

——なんでも竹田選手はお笑い芸人を目指してたらしいですね。

「はい、中学の頃に『ダンディーパック』というトリオを組んでいて。今、売れない役者をやってる僕の兄貴がもともとお笑い志望で、同じ名前のコンビを組んでたんで、それをただパクっただけなんですけど。実際、渋谷公会堂で『中高生お笑い登竜門』というコンテストにも出たことありますよ。まだ、売れてない頃のアンジャッシュさんがゲストで来てました。でも、マイクから離れた距離でネタをやったこともあってか、まったくウケなくて。その帰りに、ひとりが『こんなだったら俺辞めるわ』って抜けちゃったんで、今度は残ったふたりで『トロピカルフルーツ』という、よくわからないコンビ名で続けてたんですけど、そいつも『格闘技がやりたい』とか言い出して。まあ、そいつは今、婦人服の営業やってますけど（笑）」

他の選手にも傷の数じゃ負けないと思ってます。

——かつてはお笑いを目指し、今はプロレスラーということで、昔から人前に出るのが抵抗ないというか、ハートは強かったんですか？

「いやいや、全然。もともとは喘息持ちで、引っ込み思案な性格だったんです。でも、小4のときに転校してきたヤツと仲よくなって、その影響で変わりましたね。そいつは当時からヤンチャで、のちにヤンキーになるんですけど」

——竹田選手はヤンキーじゃなかったんですか？

「僕は基本的にスネ夫タイプというか、先生たちの前では真面目ぶってたんで。ただ、周りにヤンキーというか、ちょっと悪いみたいなヤツが多かったってだけですね。たとえば、僕は加わってないんですけど、町田に朝鮮中学校があって、そこに10人ぐらいで殴りこみに行ったんですよ。そうしたら、あっちは100人ぐらい出てきたらしくて」

——ほぼ『パッチギ！』の世界ですね。そういう中に影響を受けた友達がいた、と。

「そうですね。そいつは遊びのプロというか、僕もいろいろ引き出してもらって。まあ、そんな彼もお墓で地蔵に小便かけたり卒塔婆をへし折ったり、悪さをしすぎてたら若くしてあの世に行ってしまったんですけど。18歳のときに、原チャリで『誰があそこの信号まで一番早く着くか？』みたいなゲームをやってたら、車にはねられちゃったみたいで。僕がプロレスにハマっていったのも、そいつの影響が大きかったんですけどね」

——亡くなったときは相当ショックだったんじゃないですか？

「だいぶショックでした。今も毎年、墓参りに行ってます。で、あいつはいつ頃からか、プロレスより格闘技好きになってたんですよね。で、彼が死んだ当時は僕も格闘技をやっていたので、そっちの世界で結果出して喜ばせてやろうと思った時期もありましたし。まあ、今は墓の前で『ごめんな、レスラーになっちまったよ』って言ってますけど（笑）」

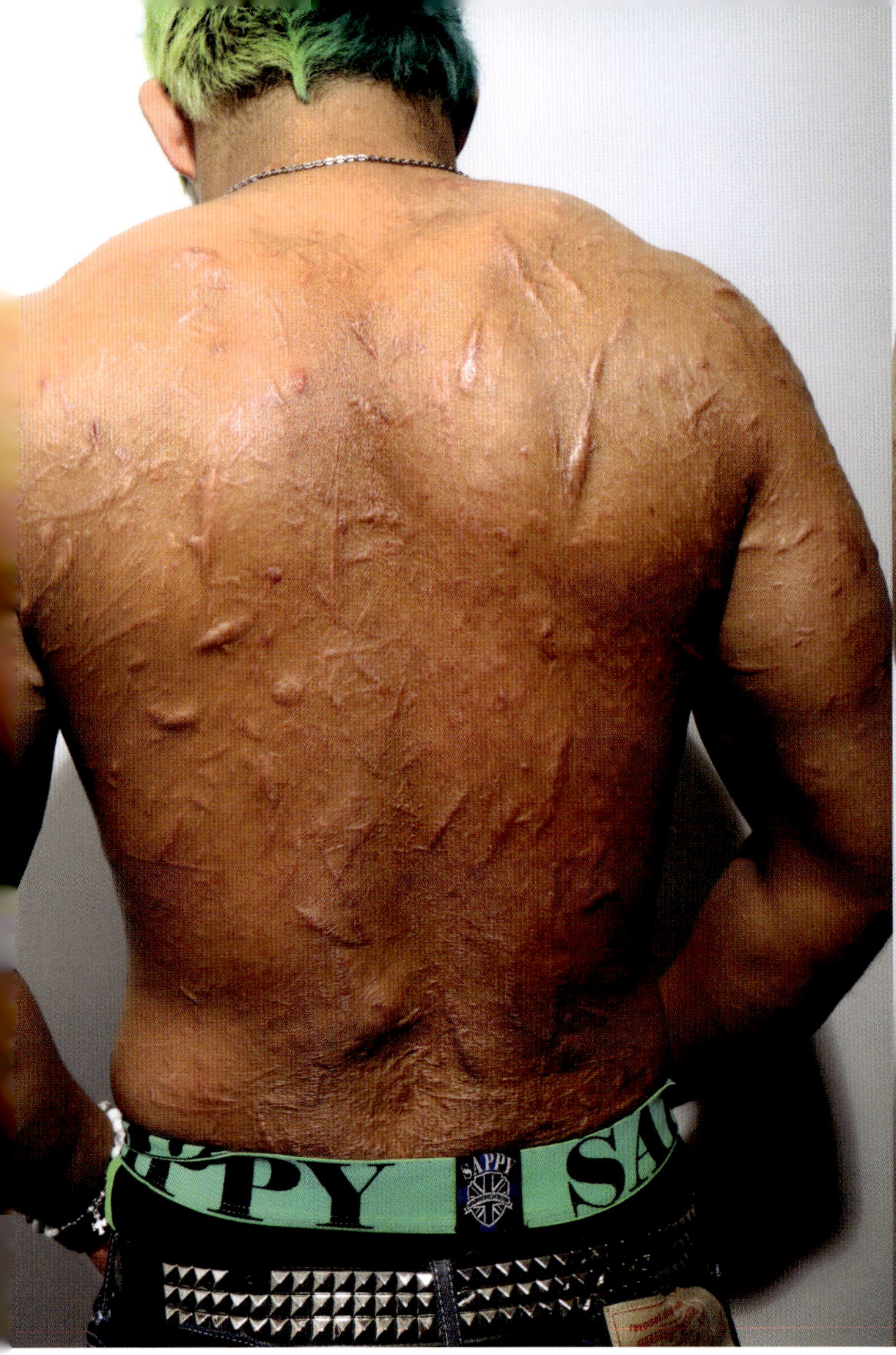

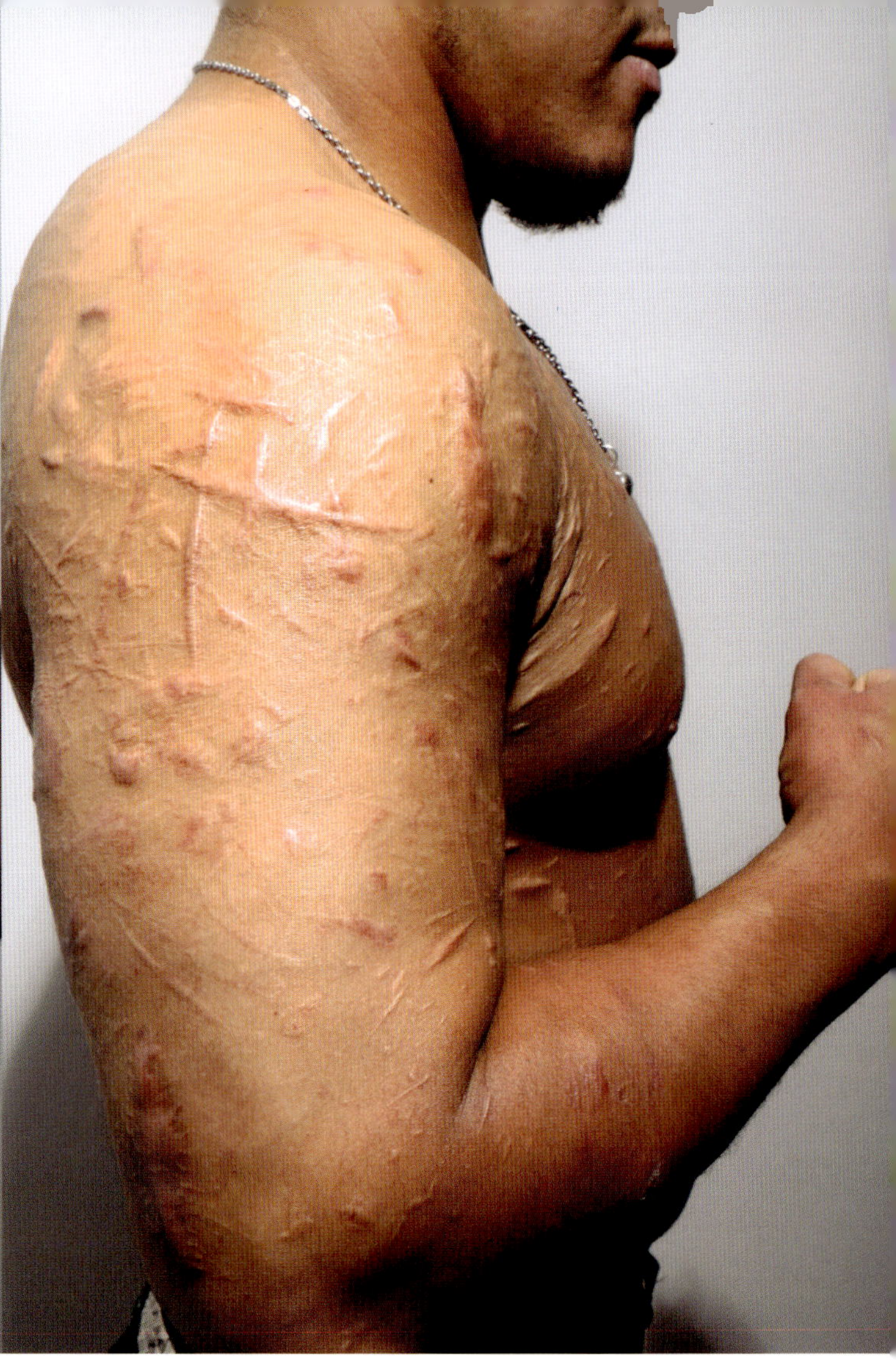

それこそ相手だけじゃなく、リングから戦いを通してお客さんと会話するというか。

総合格闘技から異色の転身

――そもそも、竹田選手は高校でレスリングを始めるわけですけど、その段階では格闘家とプロレスラー、どちらを目指してたんですか？

「プロレスラーですね。当時はPRIDEやK-1が盛り上がってましたけど、自分がやりたかったのはデスマッチだったので、プロレスラーとしての下地を作ろうと思って。それでレスリングが強くて、頭が悪くても入れる自由ヶ丘学園に進学したんですけど、毎朝7時から朝練だったので、5時半には町田のウチを出てました」

――練習はキツかったですか？

「入部したら半分は辞めてましたね。監督がバルセロナ五輪にも出たことがある奥山恵二という人で、とにかく厳しくて。1年のときに眉毛を剃ったら、モミアゲ引っ張られて宙に浮きましたから（笑）」

――眉毛を剃る意味もよくわからないですけど（笑）。

「ハハハ、まあ、一切オシャレなんてできなかったですよ。ほぼ部活一本で」

――彼女と楽しいひと時を過ごすような時間もなく？

「一応、彼女は高1のときにいたんですけど。でも、部活が忙しくて自然消滅して。振り返ってみると、僕のモテ期は中3の卒業式だったと思います。第二ボタンどころか、ボタン全部にブレザーやネクタイ、身ぐるみをはがされた感じで」

――ちょっとした学校のスターじゃないですか。

「いやいや、ただのイガグリ坊主でしたけどね。当時は野球部だったんですけど、別に特別活躍したわけでもないし。ちなみにここ3年は彼女もいません（笑）」

――聞いたところによると、竹田選手は高校の進路相談で「大日本に行きます」と言ったとか？

「そうなんですよ。でも、たまたま担任の先生がプロレスオタクで、『大日本じゃ儲からないし、デスマッチなんてやったらお母さんが泣くぞ？』って説得されて。それでも僕が食い下がったら、『じゃあ、潰しが効くように1年だけ資格取るために勉強したらどうだ？』って提案されて、町田の調理師専門学校に行くことになって。1年間何もしないのもアレなんで、ジムを探してたら、たまたま同じ町田にU-FILE CAMPがあったんです。そしたら道場の入口に所属選手が出た団体として、格闘技以外に全日本プロレスとかDDTとか書いてあったから、『俺も出られるかもしれない』と思って軽い気持ちで入ったんですけど」

――あくまでプロレスに繋げるために、格闘技系のジムに入ったわけですね。そうしたらあれよあれよと強くなって、総合格闘技の試合に出るようになった、と？

「はい、気づいたら（笑）。結構、僕も真面目にやるほうなので、ジムの代表の上山龍紀さんに目をかけてもらって、ジムの雑用を手伝ったり、プロ練に出たりして」

――U-FILEというと、UWFや

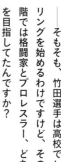

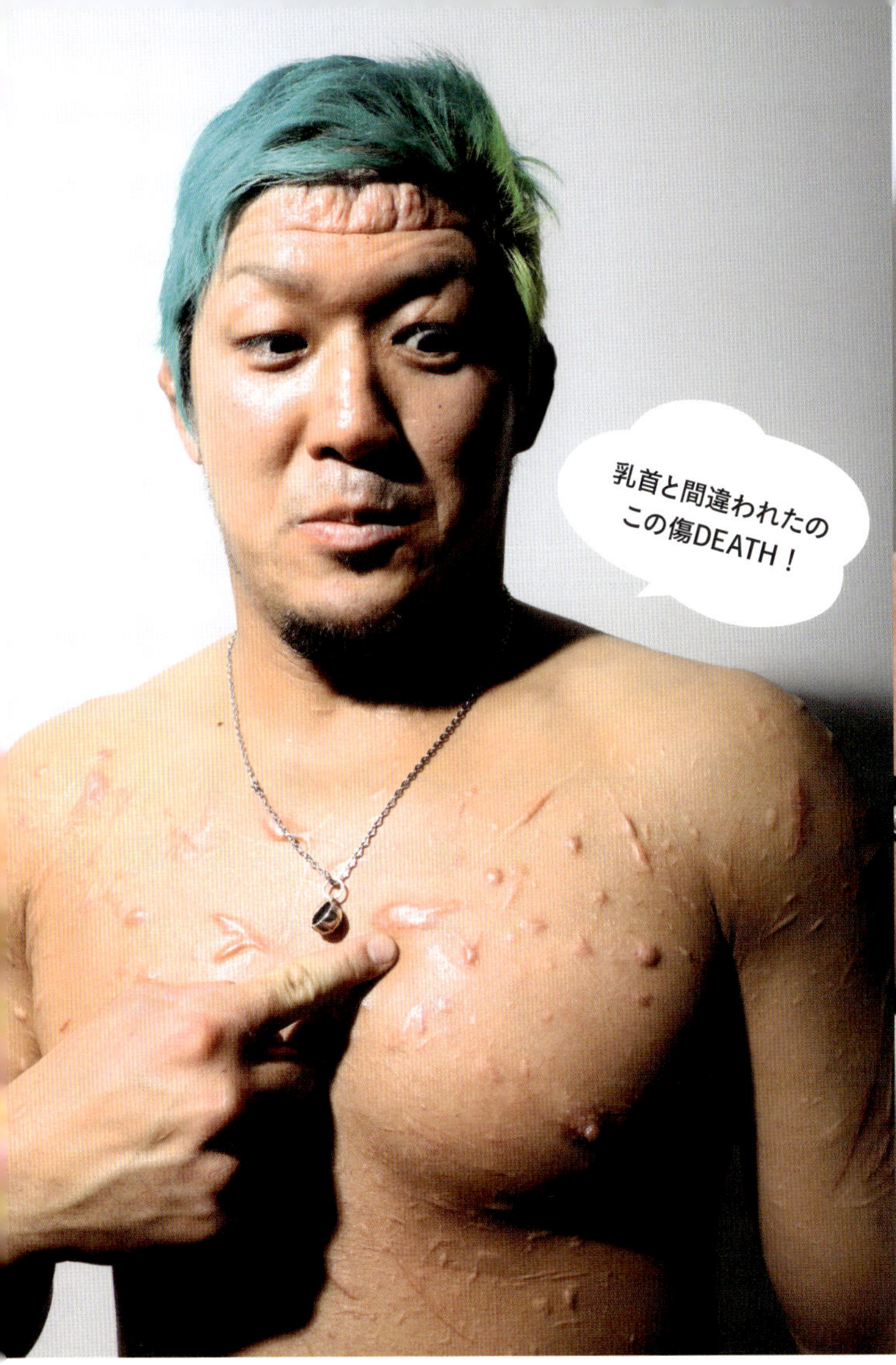

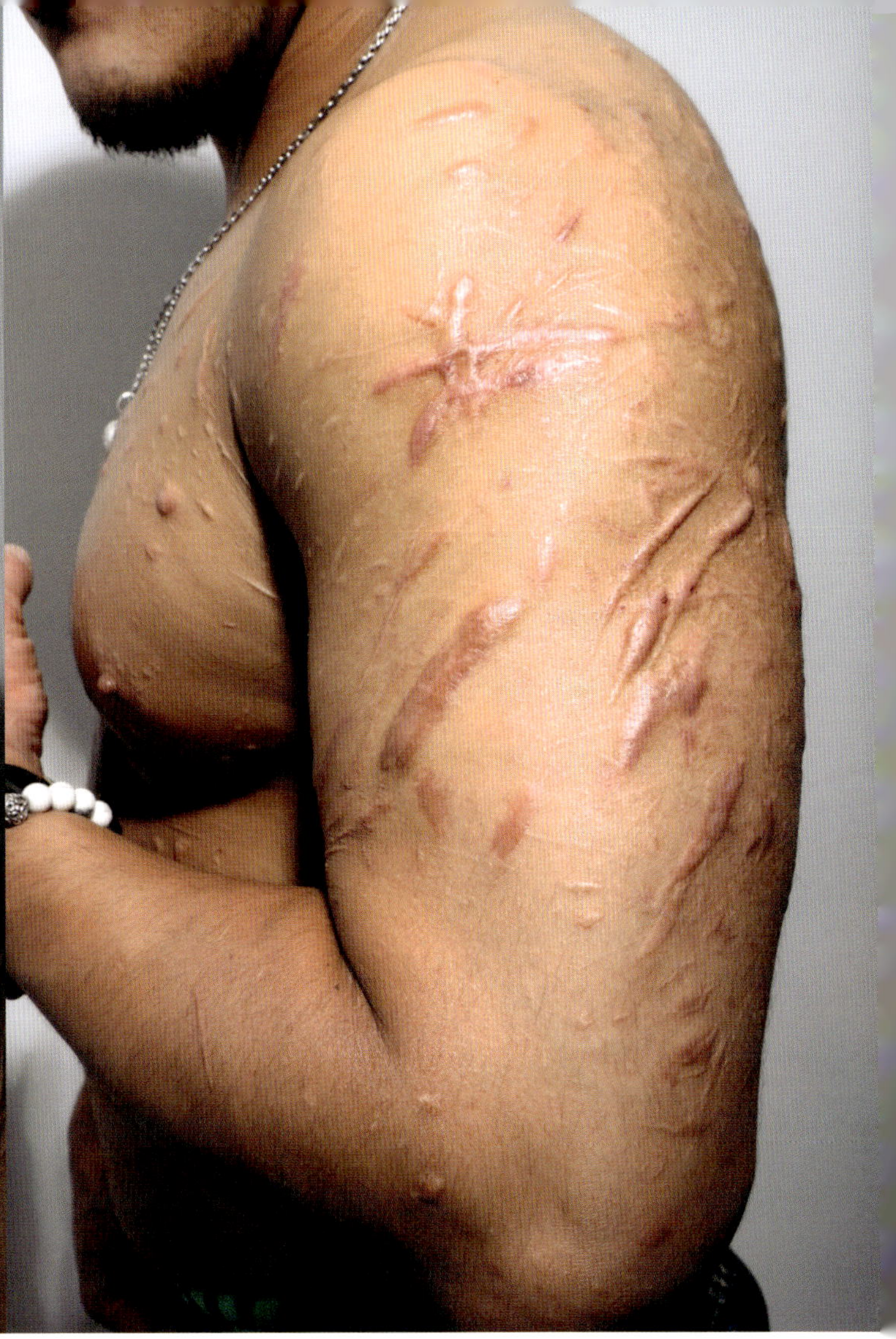

プロレスはお客さんを喜ばせてナンボじゃないですか？

――PRIDEで活躍した田村潔司選手が設立したジムですが、竹田選手にとってどんな存在ですか？

「初めて会ったときは緊張しましたね。気難しいというか不思議な人というか……」

――田村選手は自分のジムから有名デスマッチファイターが生まれたことをどう思ってたんでしょう？

「最初に僕が大日本でタイトルマッチをやったときに、『週刊プロレス』にインタビューが載ったんですよ。そしたら、田村さんに『竹田クン、調子乗ってるねぇ。デスマッチの何が楽しいの？』みたいなこと言われました（笑）。でも、僕が目をケガしたときにはお見舞いをいただいて」

――面白い関係性ですね。その後、竹田選手は総合格闘技と並行して、U-FILEが主催していたプロレス興行（STYLE-E）にも出場するようになりますが、総合では2007年10月にZSTのメイン（ディファ有明・VS内藤洋次郎戦）でタイトルマッチ（ZST初代ウェルター級王座決定戦）を組まれるほど実力をつけていました。当時はまだ、総合も地上波のゴールデンで放送していましたし、そのまま実績を積んでいけば出場の可能性もあったと思うんですが、そっちの道を突き進もうとは思わなかったんですか？

「昔、上山さんのセコンドでPRIDEの花道を歩いたことがあって、やっぱり『いつか僕も上がりたいな』って思った時期もあったんですけど、あのZSTのタイトルマッチがターニングポイントになりましたね。あそこで負けたことで区切りがついたというか、もともとはプロレスをやりたかったわけですし」

――前代未聞の総合とデスマッチの二刀流ファイターを目指そうとは？

「最初は両立したいなとも思いましたけど、そんなに甘いものじゃないですし。僕、デスマッチをやりだした初期の頃って、今みたいな格闘技のムーブを全然出してなかったんですよね。ちゃんとしたプロレスラーになりたかったし、格闘家のプロレスごっこって思われるのが嫌だったんで。今思えば最初から出してればよかったなとも思いますけど」

――竹田選手にとって、プロレスと格闘技の違いは？

「やっぱり格闘技は何より勝敗が優先される世界なんですよ。とにかくどんな試合でもまずは勝てばいい。でも、プロレスはお客さんを喜ばせてナンボじゃないですか？ それこそ相手だけじゃなく、リングから戦いを通してお客さんと会話するというか。単純に観ていて面白いなと思うのがプロレスです」

プロレスはデスマッチ一択！

――竹田選手は李日韓さんに売り込んだことがきっかけで、2008年から大日本に上がるようになるわけですが、初めて念願のデスマッチをやったときの感覚は覚えてますか？

「最初は大日本の後楽園に急に呼ばれて、MASADAとラダーのタッグマッチをやったんですよ。もう、痛いと

か通り越して嬉しかったですね！　そのあと、蛍光灯もやるようになって、初めて身体が切れたときは、ウチに帰ってからメッチャ鏡で傷を見ましたから。『やったー！』ってテンション上がって、早くオデコもギザギザになってやろうって思いました（笑）」

――竹田選手が傷らだけになっていくことに対して、家族や周囲の反応はどうだったんですか？

「実家に帰って風呂に入ると、『裸で歩くな！』って言われます（笑）。あとはレスリング部の同期の結婚式で顧問の先生に会ったときは、僕が赤いモヒカンで傷だらけなのを見て、『お前は何をやってるんだ？』って怒られました。その人は僕にずっと、『大学に進んでレスリング続けろ』って言ってた人で」

――竹田選手は国体にも出てるわけですし、スポーツ推薦で進学できたんじゃないですか？

「実際、国士舘と日体大の話もあったみたいなんですけど、自分にその気がまったくなかったので」

――日体大は新日本の永田裕志選手や高橋裕二郎選手の母校ですね。

「あ、バルセロナに出た奥山先生が永田選手と同期なんですよ。それでよくプロレスの話はしてました」

――じゃあ、もしかしたらメジャー行きの流れもあったかも（笑）。

「いやあ、ないですよ（笑）。とにかく、僕はデスマッチがやりたかったので」

――待遇面や注目を集めるという部分で、インディーより大きな団体が気になったりはしなかったですか？

「僕も若かったんで、お金とか生活のことはまったく考えてなかったですね。プロレスを見始めた頃は大きな団体に入りたいとか思ってましたけど、デスマッチに出会ってからはそっちばかりだったので」

――デスマッチにのめり込んだのは、昔から憧れの人と口にしている葛西純選手の存在が大きいですか？

「大きいですね。最初は中学の授業中とかにこっそり『週刊ゴング』を読んでたら、銀髪で猿キャラみたいな人がいて『この人、カッコイイな』と思ったんですよ。それがビデオや会場で観るうちに、『この人みたいになりたいな』になって。金村キンタローさんとやった試合で葛西さんがラダーから自爆するんですけど、それが衝撃的に面白くて（笑）。葛西さんはデスマッチにお笑いの要素も取り入れていて、自分がお笑い好きなのもあって、あのキャラに惹かれたっていうのはありますね」

――そんな葛西選手もいまやライバルのひとりというか。

「そうですね。すでに試合の過激さでは超えてると思ってるんですけど、やっぱりあの存在感は別格というか。葛西さんって、もはやカリスマになってるじゃないですか？　多方面に影響を与えてる人だし。やっぱり、僕も葛西さんに憧れてるという時点で、最初の頃は『葛西のコピー』とか『どうせ二番煎じ』って言われることが多くて、すごく悩んだんですよ。それで、葛西さんになくて自分にあるものは格闘技だと思ったので、そういう個性も強めていってスタイルを確立したというか」

――今年の5月25日、全日本プロレス・後楽園ホール大会で青木篤志選手の世界ジュニアヘビー級王座に挑戦したのも意外でしたが、これも自分の振り幅を広げる意味が？

「たまたまオファーをいただいたんですけど、青木選手とはガンガンやり合えたんで、こういうのも楽しいなって思いました。なんか僕、昔から、インディーだけどメジャーの選手に蛍光灯を食らわせたいっていう欲があったんですよね（笑）。もちろんルールが違うのでやらないですけど、デスマッチを舐めるなっていうのは証明したくて。『デスマッチなんて誰にでもできる』って思われるのはイヤですね」

――そんな竹田選手が考えるデスマッチの魅力はどんなところですか？

「普通のプロレスと違ってどこでアイテムを使うかとか、新しいアイテムを考えたりするのが楽しいです。今、デスマッチもどんどんエスカレートしてるので、人がやってないことを考えるのも難しくなってきてるんですけど。殴る蹴るだけじゃなく、プロレスの技の攻防もエスカレートした上でのデスマッチですから。もう、歯止めが利かないというか（苦笑）」

――歯止めが利かない戦いをする直前は、どんな心境なんですか？

「ルーティーンとして、入場前は絶対に『いい試合ができて、無事にリングを降りられますように』って拝むようにしてます。でも、自分以外のデスマッチファイターがエグい凶器で盛り上げてるのを見ると、悔しくなって『もっとエグいので沸かせてやる！』ってなるんですよね」

――やっぱり、デスマッチファイターの中にはそういうライバル意識があるんですかね？

「ある人とない人がいると思います。

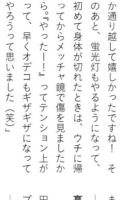

DEATH
Roll

デスマッチも好きでやってる人と、成り行きというかビジネスでやっている人もいると思うので。でも、デスマッチファイターが痛いからどうとか言っているのを聞くのは、僕はイヤですね」

――それこそ葛西さんは「今、好きでデスマッチをやってるのは竹田くらいだ」って発言も残してますが。

「光栄です(笑)。やっぱり、気がつくとデスマッチのことばかり考えちゃいますね。最近だとハサミボードを開発したんですけど、あれは美容室で髪を切ってたら思い浮かんで。あとは空き缶ボードも、海外で速攻パクられてましたね」

――身近にある物がいい題材になるんですね。

「画鋲にしろ何にしろ、日常生活にある物のほうが痛みも伝わりやすいですから」

――でも、人が普通に暮らしていて、そういう痛みを感じるのって注射や、紙で手を切ったとか程度だと思うんですよ。画鋲が身体中に刺さったときとか、その痛みが想像もできないというか(笑)。

「いや、もはや1個も100個も変わらないですね（笑）。ぶっちゃけ、手のひらとかはけっこう神経通ってるんでメッチャ痛くて、素に戻るんですよ。僕はポリシーとしてグローブはつけず、テーピングだけにしてるんで、余計ダイレクトに来るというか。でも、手のひらに比べて、背中とか頭は気づかないです。自分で全部取ったと思ったら、『まだ、背中についてますよ』って、5〜6個取られたりするんで（笑）」

――ちなみに、今までで最もエグかったケガは？

「伊東竜二選手のベルトに挑戦したときに、まぶたに蛍光灯が刺さったヤツですかね。まあ、これは気合入れようと思って、自分で頭に蛍光灯を叩きつけたときに自爆して、16針縫うハメになったんですけど(苦笑)。このときは試合後のシャワーが最悪でしたよ！　白目が出てたんで、過去最高に痛かったです。僕、今も目が瞑れないんですよ(と言って、白目を見せる)」

――……。

「あとは今も痺れが残ってるんですけど、蛍光灯で指を切って、ほぼ取れかかったこともありました。試合後に病院に行ったら、『手を洗ってください』って言われたんですけど、水に手を浸けた瞬間、痛さのあまりに失神しました。気づいたらベッドの上で、ちゃんと縫われていて。なんだかんだ、蛍光灯のケガが一番多いですね」

――ふとしたときに身体から蛍光灯の破片が出てくるって本当ですか？

「あ、よくありますよ！　それを一つ一つ採取して、思い出として瓶に貯めてるんですけど、我ながら変態だと思います（笑）」

――確かに、常人には理解しがたいです(苦笑)。蛍光灯がそうならガラスも危険度は高いんじゃないですか？

「ガラスは厄介ですねぇ。フリーダムズで去年3月に正岡大介とタイトルマッチ（2015年3月23日・後楽園ホール KFC世界戦）をやったとき、ガラスが安物で。強化ガラスだと綺麗にパーンって割れるんですけど、そのときはやけに弾力があって。で、試合後もずっと背中のあたりにポコッとコブができてて、しばらくほっといたんですけど、さすがにアレだなと思ってレントゲンを撮ったら『何か入ってますよ？』って言われて。結局、緊急手術になって、背中からそこそこのガラスの破片が10個以上出てきました。で、それも思い出の瓶に（笑）」

――思い出がまたひとつ増えた、と(笑)。そもそも、なんで、そこまでデスマッチ命なんですか？

「なんか、デスマッチをやってると『俺、生きてる！』という感覚がすごくあるんですよ。生きざまを見せるというか。観ないでダメって言ってる人たちに観戦してもらって、好きにさせることができたら快感ですよね。まあ、逆に引かせたいっていうのもあるんですけど」

特別な存在、葛西純

――そもそも幼少期に痛いのが好きだったとか、何かデスマッチファイターとしての原体験みたいなものはあったんですかね？

「う〜ん、親には変わった子だったとは言われますね。たとえば、母親がママチャリで僕を後ろに乗せてると、急に車輪に足を入れて止めたりとか。注射なんか、怖いと思ったこともないですし。あとは覚えてないですけど、兄貴には『オマエ、よく道端のアリ食ってたな』って言われました（笑）」

――早すぎるバラモン兄弟(笑)。ヤンキーの友達とツルんでたときに危険な目に遭ったとかは？

兄貴には「オマエ、よく道端のアリ食ってたな」って言われました（笑）。

「基本的に僕はイジられキャラだったんで、身体は張ってましたかね。なんかバカな遊びをするのが好きなグループだったんですよ。町田に境川っていうスゲー汚いドブ川があるんですけど、その流れが急なとこで『誰が一番面白く流されるかコンテスト』をやったり、あとは激坂で『誰が一番面白く三輪車でコケられるか』とか(笑)。まあ、だいたいやるのは、僕を含めてお笑いをやろうとしてた連中なんですけど」

――当時からCRAZY KIDだった、と(笑)。竹田選手の試合での見せ場のひとつがブリッジの利いたジャーマンですけど、よく蛍光灯の破片だらけのマットや、ガラスボードに頭から突っ込めるなって思うんですよね。

「やっぱりジャーマンにはこだわりがありますね。確かにマットは破片だらけなんですけど、基本的に技を出したり受けたりするときは、後先考えないというか。帰ってから後悔します。たぶん、葛西さんや星野勘九郎選手も後先考えないタイプですね。逆に考える選手だと、身体に入念にクリームを塗るんですよ。そうすると身体が切れにくくなるので。でも、それも僕はやりたくないというか、やる必要がないんで」

――竹田選手はなんでもアリなんですね。

「外国人もちょっと勘違いしてるというか、MASADAに『タケダ、オールオーケー。ユー・アー・クレイジー！』って言われて、瀕死の状態にされたことありました」

――外国人からもクレイジー扱い(笑)。では、竹田選手から見て、デスマッチファイターとしてすごいと思うのは？

「外国人だとMASADAやメキシコのビオレントジャック。日本人だとやっぱり葛西さんですかね。あとは引退されましたけど、やっぱり松永光弘さんはすごいと思います。あれだけのアイデアを生み出したわけですし」

――葛西選手も松永選手を追い越すために戦ってきたというか。

「そうですね。今はそれと同じように僕が葛西さんを追い越そうとして。あと、ある意味すごいと思うのは（アブドーラ）小林さんですか（笑）」

――なぜかちょっと半笑い(笑)。おふたりの試合だと、竹田選手が五寸釘ボードの上に小林選手を投げたのは度肝を抜かれました。

「あの人との試合はすごく噛み合うんですよ。若干、僕は小バカにしてますけど(笑)、デスマッチファイターとしてはすごいと思います」

――数え切れないくらいデスマッチをやってますけど、あえてベストバウトを選ぶと？

「う〜ん……、石川修司選手と大日本でやったタイトルマッチ（2013年6月30日・後楽園ホール BJW認定デスマッチヘビー級選手権試合 ブラッドレインデスマッチ）ですかね」

――竹田選手が、場外のガラスボードに投げ捨て式のスプラッシュマウンテンで叩きつけられた死闘ですね。

「あのときは僕の理想とする、ゴツゴツしてエグいデスマッチができたんで、

DEATH
Roll

DEATH
Roll

負けても納得した試合ですね。それこそ場外に投げられたのも嬉しかったというか（笑）。あとは、フリーダムズで葛西さんとやったデスマッチトーナメントの決勝（2013年8月29日・後楽園ホール「葛西純プロデュース興行PAIN LIMIT デスマッチトーナメント2013」）ですか」

——竹田選手が優勝と同時に初の葛西越えを果たした試合ですね。

「あれは試合後の葛西さんのマイクでガチ泣きして。ズルいんですよ、あの人。『世界中に何人もデスマッチファイターがいる中で、葛西純の背中を追いかけてきてくれてありがとう。俺はオマエのことをメッチャ好きだよ』みたいなことを言われて、自然と涙が出てきて」

——やっぱり、竹田選手にとって葛西選手は特別な存在なんですね。

「そうですね。プロレスラーって、実際に会ってみるとイメージが違ってゲンナリすることもあるんですよ。でも、いい意味で葛西さんはイメージと違うというか。見た目は殺人鬼みたいじゃないですか？（笑） でも、こんなこと言ったら営業妨害かもしれないですけど、すごく他人に気を遣えて、人間としても尊敬できるというか。あとは自分の考えを持っていて人に流されないですね。逆に僕は人に流されちゃうタイプなんですけど、葛西さんに『お前は自分の考えを持って行動しろ』って言われて変われた部分もあって。葛西純がいたからこそ、今の自分が形成されたっていうのはあります」

強烈なデスマッチ愛と町田愛

——最近はデスマッチの会場にも若い男女が増えてきましたよね。

「そうなんですよ、バンドをやっている人とかにデスマッチのファンが多くて」

——竹田選手はマキシマム・ザ・ホルモンと親交があるそうですが、音楽も激しいノリのものが好きなんですか？

「それが意外と何でも聴くんですよ。浅く広くじゃないですけど、Jポップもヒップホップも聴きますし。ホルモンは、僕の好きな漫☆画太郎さんがジャケットを描いていて興味を持ったのがきっかけです。で、聴いてみたらメッチャカッコよかったんで入場曲に使い出したんですけど、たまたま会場にメンバーのダイスケはんが来ていて、試合後に売店まで会いに来てくれて。それで俺もホルモンのライブに行ったら、今度はそこにたまたまリバーサルの社長も来ていて、自分のコスチュームやTシャツをサポートしていただけることになったっていう」

——竹田選手は引きが強いんですね。音楽の他にプライベートの趣味はありますか？

MASASHI TAKEDA

たけだ・まさし：1985年8月13日生まれ。高校卒業後、U-CAMP FILEに入門し、総合格闘技の道へ。2007年1月20日、STYLE-Eの佐々木恭介戦でプロレスデビューを果たし、翌年4月に大日本プロレス参戦。10月の初デスマッチ以降、デスマッチファイターとしてメキメキ頭角を表し、2009年5月28日には木高イサミとのコンビで同団体の最侠タッグリーグ優勝、第26代BJW認定タッグ王者となる。その後も多数の団体で活躍し、2014年9月23日に葛西純と組んでKFCタッグ王座を獲得。同年12月25日、葛西の持つKING of FREEDOM WORLD王座に挑戦し、前年8月以来2度目の勝利を収め第4代王者に。1年後、葛西に奪還されるまで5回の防衛を果たした。
【オフィシャルブログ】http://blog.livedoor.jp/takeda0813/

俺、毎年思うんですよ、「今年、辞めてもおかしくないな」って。

「やっぱり、飲むことですかね。酒が好きなのは家系なんですよ。ウチのじいちゃんが『金なくてもツケで買ってこい』っていうくらいの人だったので。そのじいちゃんの葬式のときに、親戚4人でビール100本空けたこともあります。ちなみに当時、僕は中3でしたけど（笑）」

——あれだけ激しい試合をしたあとも、普通に飲むんですか？

「全然飲みますよ！ でも、木高イサミと昔、ふたりでガールズバーで飲んでたら、肩の傷口から血が出てきちゃって、店中のオシボリを使ったときは迷惑がられましたね。まあ、お酒は生きていくうえで欠かせないって感じです。今日も取材前、実は飲んできちゃったんですよ。蕎麦屋でビール、ハイボール、あとは日本酒をけっこう……。でも、一番美味いのは広島カープの試合を見ながら飲む酒ですね！ 広島までカープの試合を観にいくこともありますし。今はもう野球とお酒が彼女みたいなもんで（笑）」

——最後にこれからのことも聞きたいんですが、竹田選手は目標や野望みたいなものはありますか？

「う〜ん、試合同様に後先を考えないタイプなんで……。今を生きたいじゃないですけど、先のことを考えるとつまらないなって思ってるんですよね。だから、1試合1試合のデスマッチでどこまで燃え尽きられるかが自分のテーマというか。俺、毎年思うんですよ、『今年、辞めてもおかしくないな』って」

——では、ある日突然、「あ、辞めよう」と思うことも？

「あると思いますよ。結局、先のことを考えるなら、たぶんもっと大人しいデスマッチをやってると思うし。だから、何か目標を立てるというよりは今、目の前のことに全力でブチ当たっていれば自ずと結果がついてくるのかなって思ってます。デスマッチ愛なら誰にも負けないつもりですから」

——これはファンも疑問に感じる部分だと思うんですが、竹田選手がBJWデスマッチヘビー級のベルトを巻いていないのが意外というか。

「よく言われますね。でも、今はあのベルトも若手にチャンスが与えられているというか。そういう意味では、まだ僕のタイミングじゃないなって気がしてます。一番いいときに獲りにいきたいですね。そうだ、さっきの野望じゃないですけど、町田でデスマッチをやってみたいんですよ。それも体育館とかじゃなくて、アメリカみたいに芝生の上にポンッとリングを立てて」

——竹田選手はデスマッチ愛と同様に、町田愛もすごいですね（笑）。

「ハハハ！ あとは飲むのが好きだし調理師免許も持ってるんで、ボンヤリですけど、リングを降りたらいつか飲食をやりたいかなって。それもオシャレなのじゃなくて、赤ちょうちんでカウンターだけみたいな」

——そのお店の場所は……？

「もちろん、町田です（笑）」

Death Match HISTORY in Japan

日本国内デスマッチ略年譜

長きにわたるデスマッチの歴史を、今回登場いただいた選手陣の活躍以前=70〜90年代に重点を置いたポイント解説とともに年表形式で紹介。取りこぼしは多々あるが、とりあえずズラッと並んだ数多の試合形式から、その狂い果てた進化の変遷を感じていただけると幸いである。

1970年

10月8日 国際プロレス・大阪府立体育会館大会で、日本初の**金網デスマッチ**が開催される。ラッシャー木村がドクター・デスにKO勝ち。

1972年

11月27日 国際プロレス・愛知県体育館大会、ディック・ザ・ブルーザー、クラッシャー・リソワスキーVSストロング小林、グレート草津のWWA世界タッグ戦が、日本初の**金網タッグデスマッチ**で行われたが、相手チームに加えてレフェリーもKOしたブルーザー&クラッシャーが、10カウント決着ルールでありながら早々にエスケープして引き上げてしまい無効試合に。この結果に観客の不満が爆発し、警官隊が出動する暴動寸前の騒ぎとなった。

1973年

11月28日 国際・神奈川・横浜文化体育館大会、グレート草津が**金網インディアンストラップマッチ**でワフー・マクダニエルに勝利。

11月30日 新日本プロレス・広島・福山市体育館大会、アントニオ猪木とタイガー・ジェット・シンが日本初の**ランバージャック・デスマッチ**で対戦。猪木が勝利。

1975年

7月25日 全日本プロレス・東京・日大講堂大会、ジャイアント馬場とフリッツ・フォン・エリックがNWA世界ヘビー級挑戦権を懸けて**テキサス・デスマッチ**で対戦。馬場がKO勝利。

1978年

2月8日 新日本・東京・日本武道館大会、アントニオ猪木と上田馬之助が**釘板デスマッチ**で対戦。猪木が勝利するも、選手がリング下の釘板に落ちる場面はなかった。

1979年

10月4日 新日本・東京・蔵前国技館大会、アントニオ猪木とタイガー・ジェット・シンが体にオイルを塗って闘う**インディアン・デスマッチ**で対戦。無効試合に終わる。

1981年

8月6日 国際・北海道・室蘭市体育館大会、ラッシャー木村が金網デスマッチでジ・エンフォーサーを下しIWA世界ヘビー級王座を防衛。これが木村の最後の金網デスマッチとなった。

1985年

8月28日 全日本女子プロレス・大阪城ホール大会で、女子初の**敗者髪切りデスマッチ**が行われ、敗れた長与千種がダンプ松本に丸坊主にされる。

11月7日 全女・大阪城ホール大会、長与千種とダンプ松本が髪切りデスマッチで再戦。長与が勝利を収め、ダンプを丸坊主にしてリベンジを果たす。

1987年

10月4日 アントニオ猪木とマサ斎藤が山口県の巌流島で**無観客試合**。2時間を超える闘いの末、斎藤の戦意喪失で猪木が勝利。

1989年

12月10日 FMW・東京・後楽園ホール大会で、大仁田厚&ターザン後藤VSジェリー・ブレネマン&松永光弘組の**有刺鉄線タッグデスマッチ**が行われる。有刺鉄線を初使用。

1990年

2月10日 FMW・東京・後楽園ホール大会、大仁田厚と栗栖正伸が**有刺鉄線バリケードマッチ**で対戦。

8月4日 FMW・東京・汐留レールシティ大会で、史上初の**ノーロープ有刺鉄線電流爆破デスマッチ**が行われ、大仁田厚がターザン後藤に勝利。

9月1日 全女・埼玉・大宮スケートセンター大会で、女子初の**金網デスマッチ**が行われ、アジャ・コングがブル中野に勝利。しかし、レフェリーのブルドッグ・KT（現・外道）が加担したことで観客からは不満の声が上がる。

11月5日 FMW・東京・駒沢オリンピック公園体育館大会、大仁田厚がテキサス・デスマッチでミスター・ポーゴをKO。

11月14日 全女・神奈川・川崎市体育館大会、**金網ノーレフェリーデスマッチ**でブル中野とアジャ・コングが対戦。金網最上段からのギロチンドロップでブルが勝利。

1991年

5月6日 FMW・大阪万博お祭り広場大会、大仁田厚とミスター・ポーゴが**有刺鉄線バリケードマット地雷爆破デスマッチ**で対戦。

5月29日 FMW・東京・大田区体育館大会、ターザン後藤とインベーダー4号が**カベジェラ・コントラ・マスカラ・ブルロープ・デスマッチ**で激突。

8月17日 FMW・佐賀・JR鳥栖駅東隣接地大会で、8人参加のノーロープ有刺鉄線電流爆破トーナメント開催。決勝の電流爆破マッチで大仁田厚がサンボ浅子を下して優勝。

11月21日 全女・神奈川・川崎市体育館大会、金網タッグ・デスマッチでブル中野&モンスター・リッパー組とアジャ・コング&バイソン木村組が対戦。アジャは盲腸手術の傷口が開いて大出血。

1992年

3月13日 W★ING・静岡産業館大会で、日本初の**スキャフルマッチ**（建設現場マッチ）が行われる。

5月6日 FMW・兵庫・ニチイ三田店駐車場特設リング大会で、日本初の**ファイヤーデスマッチ**開催。大仁田厚&ターザン後藤組VSザ・シーク&サブゥー組が行われるも、火勢が強すぎてノーコンテストに。

5月7日 W★ING・東京・後楽園ホール大会で、日本初の**アンダーテイカー・デスマッチ**が行われる。ミスター・ポーゴがジェイソン・ザ・テリブルに勝利。

5月24日 FMW・東京・有明コロシアム大会、大仁田厚が元ボクシング王者のレオン・スピンクスを**異種格闘技ノーロープ金網デスマッチ**で破り、世界マーシャルアーツ王座を獲得。

6月30日 FMWが岐阜・不破郡関ヶ原町関ヶ原鍾乳洞特設リングで初の**ノーピープル・ノーロープ有刺鉄線電流爆破デスマッチ**を行い大仁田厚がタイガー・ジェット・シンに敗北。大仁田は爆破マッチ初黒星。

8月2日 W★ING・千葉・船橋オートレース場大会で、ミスター・ポーゴがファイヤーデスマッチで松永光弘に勝利。

9月19日 FMW・神奈川・横浜スタジアム大会、大仁田厚がタイガー・ジェット・シンに**ノーロープ有刺鉄線電流地雷爆破デスマッチ**で勝利。

12月11日 NOW・東京・大田区体育館大会、維新力と上田馬之助が反則自由の**A・G・Aマッチ**で対戦。上田は凶器として包丁を持ち出す。

12月20日 W★ING・埼玉・戸田市スポーツセンター大会、松永光弘とレザー・フェイスがスパイクネイル・デスマッチで対戦。レザーが松永を場外に落として勝利。

1993年

5月5日 FMWとW★INGのG・W興行戦争が勃発。FMW・神奈川・川崎球場大会は、大仁田厚がテリー・ファンクと**ノーロープ有刺鉄線電流爆破超大型時限爆弾デスマッチ**を行い勝利を収める。一方、W★ING・神奈川・小田原旧市営球場大会では、松永光弘が二度目のスパイクネイル・デスマッチでレザー・フェイスにリベンジを果たし、ミスター・ポーゴがテキサス・デスマッチで中牧昭二をKO。

6月18日 W★ING・東京・後楽園ホール大会で、初の**月光闇討ちデスマッチ**開催。フレディ・クルーガーが松永光弘に勝利。

8月2日 W★ING・大阪・南港イベント広場大会、松永光弘とフレディ・クルーガーが**プエルトリコスタイル・ファイヤーデスマッチ**で対戦。松永が勝利。

8月22日 FMW・兵庫・阪急西宮スタジアム大会、大仁田厚が**ノーロープ有刺鉄線電流地雷監獄リング時限爆弾デスマッチ**でミスター・ポーゴに勝利。

10月31日 W★ING・神奈川・小田原旧市営球場大会で、邪道&外道組と金村ゆきひろ&中牧昭二組が**スクランブル・ファイヤーデスマッチ**で対戦。金村が炎へのパワーボムを食らい、背中に大火傷。

12月8日 FMW・東京国際見本市会場ドーム館で、大仁田厚と松永光弘が屋内では初の電流爆破デスマッチを敢行。大仁田が勝利。

1994年

5月5日 FMW・神奈川・川崎球場大会、大仁田厚が天龍源一郎とノーロープ有刺鉄線金網電流爆破デスマッチで激突。敗れた大仁田は1年後の引退を宣言。

7月14日 LLPW・東京体育館大会、ブル中野と神取忍が**チェーン・デスマッチ**で激突し、ブル中野が勝利。

7月24日 ユニオンプロレス・茨城・玉造B&G海洋センター大会で、**エジプシャン・チェーン・デスマッチ**でザ・マミー&ブラック・マミー組が高杉正彦&三宅綾組と対戦。

8月1日 剛軍団・東京・後楽園ホール大会で、**エニシング・エニウェア・デスマッチで**剛竜馬が宇宙魔神Xに勝利。

8月28日 FMW・大阪城ホール大会で、大仁田が**ノーロープ有刺鉄線電流爆破バリケードマット・ダブルヘルデスマッチ**で青柳政司に勝利。大仁田の全身の傷が1000針を超える。

9月25日 FMW・東京・神宮プール大会で、**ノーロープ有刺鉄線電流水中機雷爆破ダブルヘル・デスマッチ**開催。大仁田厚&ミスター雁之介&新山勝利組がミスター・ポーゴ&グラジエーター&保坂秀樹組に勝利。

10月16日 IWAジャパン・東京・後楽園ホール大会で、**バーブドワイヤー・グラスウインドークラッシュ・タッグデスマッチ**開催。初めてガラスを使ったデスマッチが行われる。

TOPIC 01

昭和随一のデスマッチファイター

日本におけるデスマッチの歴史は国際プロレス、そしてラッシャー木村から始まった。1970年秋、新日本と全日本の後塵を拝し、興行不振に苦しむ国際が、起死回生の一策として開催した日本初の金網デスマッチ。そのリングに立ってから10年11カ月、木村は金網のシングル戦で通算89戦85勝0敗3分け1没収試合（タッグマッチは2戦1勝1分け）という驚異的な戦績を残した。後年、全日本プロレスでマイクパフォーマンスに持ち味を開花し、「マイクの鬼」と呼ばれたが、そもそもの通称は「金網の鬼」。その異名にふさわしく、金網の中では鬼のごとく無類の強さを発揮した木村が、昭和を代表する唯一無二のデスマッチファイターであることは明らかだ。

TOPIC 02

FMWの成功とデスマッチの隆盛

1988年12月、元全日本プロレスの大仁田厚が約4年ぶりに現役復帰を果たし、翌年10月に新団体FMWを旗揚げ。異種格闘技テイストのプロレスから女子選手の試合まで何でもアリな団体としてスタートしたが、年末の有刺鉄線タッグデスマッチで大仁田が腕をバックリ切る重傷を負い、生々しい傷口のインパクトでファンに衝撃を与えた。翌1990年8月には史上初のノーロープ有刺鉄線電流爆破デスマッチを行い、爆発のインパクトでファンの度肝を抜いて、同年のプロレス大賞ベストバウト賞を受賞。大ブレイクを果たした。

結局いつの時代も、後発の弱小団体を救うのはデスマッチの刺激だ。だが、FMWが国際プロレスと大きく異なる点は、どんどんデスマッチのギミックをエスカレートさせ、従来にない試合形式を生み出し、デスマッチの可能性を開拓していったアイデアとバイタリティ。時はインディー団体乱立の戦国時代。FMWの成功を機に数多の団体を飲み込んで、デスマッチは急速かつ

10月30日 みちのくプロレス・岩手・滝沢村産業文化センター特設リングで、**ノーロープ有刺鉄線電流地雷爆破ダブルヘル時限爆弾デスマッチ**。FMW以外の団体が初めて電流爆破マッチを主催。大仁田厚がザ・グレート・サスケに勝利。

12月13日 IWAジャパン・千葉・松戸市運動公園体育館大会で、**五寸釘・有刺鉄線・四面地獄デスマッチ**。中牧昭二&小野浩志組がレザー・フェイス&オリジナル・レザー・フェイス組に勝利。

12月25日 ユニオン・千葉・流山市民総合体育館大会で、**ノーロープ有刺鉄線ランバージャック猛毒マムシデスマッチ**が行われ、ポイズン澤田がザ・マミーに勝利。

1995年

3月16日 大日本プロレスが神奈川・横浜文化体育館で旗揚げ。ケンドー・ナガサキ&中牧昭二組とロン・パワー&ジ・アイスマン組が**バラ線パーフェクトフォール・デスマッチ**で対戦。

5月1日 WAジャパン・東京・後楽園ホール大会、ヘッドハンターズAとBがバーブドワイヤーボード・グラスウインドー・クラッシュデスマッチで兄弟対決しBが勝利。

5月5日 FMW・神奈川・川崎球場大会、大仁田厚がノーロープ有刺鉄線電流地雷爆破時限爆弾デスマッチで引退試合。ハヤブサに勝利。

8月9日 IWAジャパン・東京・後楽園ホール大会、ターザン後藤と中牧昭二が**ノーロープ有刺鉄線バーブドワイヤーボード画鋲デスマッチ**で対戦、後藤が勝利。

8月20日 IWAジャパンが神奈川・川崎球場で初のビッグマッチを開催。8人参加のデスマッチ・トーナメントで、カクタス・ジャックが優勝。決勝戦のカクタスVSテリー・ファンクは**ノーロープ・スクランブル・バンクハウス・スーパーバーブドワイヤーウエポン・ウイズ・ア・タイムボム・デスマッチ**。

10月29日 FMW・東京・JR品川駅東口広場大会、松永光弘&W★ING金村組とスーパーレザー&非道組が**ノーロープ有刺鉄線スパイダーネット・ダブルヘル・デスマッチ**で対戦。

12月21日 FMW・神奈川・横浜文化体育館大会、松永光弘&保坂秀樹&ジェイソン・ザ・テリブル組とスーパーレザー&W★ING金村&非道組が**W★ING WORLD カリビアン・バーブドワイヤースパイダーネットダブルヘル・グラスクラッシュ剣山デスマッチ**で対戦。

12月22日 FMW・東京・後楽園ホール大会で、工藤めぐみとシャーク土屋が女子初のノーロープ有刺鉄線デスマッチを行う。

1996年

1月19日 大日本・東京・後楽園ホール大会、ケンドー・ナガサキ&山川竜司組と中牧昭二&山田圭介組が**インサイドリング・バーリトゥードケージ・アンド・ボブワイヤーボード・4コーナーデスマッチ**で対戦。

2月2日 IWAジャパン・東京・後楽園ホール大会、ザ・グレート・カブキとホー・チー・ウィン（ターザン後藤）が竹とガラスを使った**オリエンタル・バンブーナイフボード・グラスウインドークラッシュ・タッグデスマッチ**で対戦。

5月5日 FMW・神奈川・川崎球場大会で、女子初のノーロープ有刺鉄線電流爆破デスマッチ開催。工藤めぐみとコンバット豊田が対戦し、豊田は現役引退。テリー・ファンク&ミスター・ポーゴ組とハヤブサ&田中将人組が**ノーロープ有刺鉄線電流地雷爆破ダブルヘル時限爆弾トルネードタッグデスマッチ**で激突。

5月22日 大日本・東京・後楽園ホール大会、ケンドー・ナガサキ&山川竜司組と中牧昭二&アクセル・ラットン組が**風船画鋲時限爆弾ストリートファイトタッグデスマッチ**で激突。

7月19日 大日本・東京・後楽園ホール大会で、**ノーロープ有刺鉄線ボード・トップラダー・フリーフォールダイビング・スペシャルストリートファイト・デスマッチ**開催（松永光弘&中牧昭二VSケンドー・ナガサキ&山川征二戦）。建設現場の足場を初使用。

8月1日 FMW・東京・旧汐留駅跡地大会、テリー・ファンクが**ノーロープ有刺鉄線電流爆破スパイダーネット・ガラスクラッシュデスマッチ**でミスター・ポーゴに勝利。

8月19日 大日本・神奈川・横浜文化体育館大会、ケンドー・ナガサキと松永光弘が**アマゾンリバー・ピラニア・デスマッチ**で対戦。

11月20日 大日本・東京・後楽園ホール大会、松永光弘と中牧昭二が**サソリ&サボテン・デザートファイト・デスマッチ**で激突。

1997年

1月2日 大日本・東京・後楽園ホール大会で、グレート小鹿&松永光弘組と中牧昭二&山川竜司組が**月光闇討ち有刺鉄線蛍光灯ボード・ダブルヘルデスマッチ**。初めてデスマッチアイテムとして蛍光灯が使用される。

1月6日 大日本・東京・後楽園ホール大会、グレート小鹿&松永光弘組と中牧昭二&山川竜司組が**デンジャーネット・サーカス・デスマッチ**で対戦。

4月1日 大日本・東京・後楽園ホール大会、松永光弘&ターザン後藤組と中牧昭二&山川竜司組が**月光闇討ち電撃殺人器スパークデンジャラスボード四面楚歌デスマッチ**で対戦。

4月29日 FMW・神奈川・横浜アリーナ大会、工藤めぐみが**女子ノーロープ有刺鉄線電流爆破バリケードダブルヘルデスマッチ**でシャーク土屋を下し引退。

6月3日 大日本・東京・後楽園ホール大会、松永光弘が**ファイヤーストーブ・デスマッチ**で山川竜司に勝利。

9月21日 全女・神奈川・川崎市体育館大会、下田美馬&三田英津子組が伊藤薫&渡辺智子組と金網デスマッチで対戦。伊藤が金網最上段からフットスタンプ。

9月28日 FMW・神奈川・川崎球場大会、大仁田厚とW★ING金村が**ノーロープ有刺鉄線金網電流地雷爆破超大型時限爆弾デスマッチ×2**で激突。

10月31日 大日本・東京・後楽園ホール大会、**ストリートファイト極熱ドライアイス葬棺桶デスマッチ**でミスター・ポーゴ&シャドウWX組がグレート小鹿&中牧昭二組に勝利。

1998年

1月13日 IWAジャパン・東京・後楽園ホール大会、IWA世界ヘビー級王座が15選手参加の**有刺鉄線ラダー・エクストリーム・ランブル**で争われ、エディ・ギルバートが王座に。

5月1日 大日本・埼玉・戸田市スポーツセンター大会にて、8大デスマッチアイテムと2面のリングを使用した**裏ドーム世紀末集大成デスマッチ**でザ・グレート・ポーゴ&シャドウWX&S・ウィンガー&シャドウNo.7組と中牧昭二&松永光弘&J・T・テリブル&怪覆面G・K組が激突。この日、東京ドームでは全日本プロレスの大会が行われていた。

8月9日 大日本・神奈川・JR新川崎駅小倉陸橋下広場大会で、大日本プロレス（BJW）認定デスマッチヘビー級王座決定トーナメント決勝戦。ザ・グレート・ポーゴが**高熱ガラス&ファイヤー棺桶火葬デスマッチ**で松永光弘を下し、初代王者に。

8月23日 大日本・大阪・鶴見緑地公園広場大会、松永光弘が高熱ガラス&ファイヤー棺桶火葬デスマッチでの再戦でザ・グレート・ポーゴを下し、BJW認定デスマッチヘビー級王座奪取。

9月23日 大日本・東京・後楽園ホール大会、松永光弘が**3WAYボード敗者ワニ葬デスマッチ**でシャドウWXに敗れ、ワニと対戦。シャドウWXは第3代BJW認定デスマッチヘビー級王者に。

1999年

4月7日 大日本・東京・後楽園ホール大会で、シャドウWXがアブドーラ・ザ・ブッチャーを**ヘルプリズンケーブルチェーン手錠デスマッチ**で下し、BJW認定デスマッチヘビー級王座を防衛。

4月10日 新日本・東京ドーム大会で、新日本では初となるノーロープ有刺鉄線電流爆破デスマッチが第0試合として行われる。蝶野正洋と大仁田厚の激突は両者KOに終わる。

5月14日 バトラーツ・北海道・札幌中島体育センター大会で、石川雄規と松永光弘が五寸釘デスマッチで対戦。

5月31日 大日本・神奈川・JR新川崎駅小倉陸橋下広場大会で、山川竜司が**ノーロープ有刺鉄線デスパレットカフィン&ファイヤーデスマッチ**でシャドウWXに勝ち、BJW認定デスマッチヘビー級王座奪取。

8月22日 大仁田興行・東京・有明レインボータウン大会で、大仁田と天龍が**ノーロープ有刺鉄線スケープゴートヘル・バリケードマット・ストリートファイト・トルネード電流地雷爆破8人タッグ・デスマッチ**で対戦。

8月28日 新日本・東京・神宮球場大会、グレート・ムタとグレート・ニタが**ノーロープ有刺鉄線バリケードマット時限装置付き電流爆破ダブルヘル・デスマッチ**で対戦。

11月23日 FMW・神奈川・横浜アリーナ大会、田中将斗と冬木弘道が**敗者追放1-5000V放電金網サンダーボルトデスマッチ**で激突。田中が勝利。

2000年

7月2日 大日本・東京・後楽園ホール大会、ザンディグが**レモン・ソルト&マスタードデスマッチ**で本間朋晃を破り、第10代BJW認定デスマッチヘビー級王座を奪取。

7月30日 新日本・神奈川・横浜アリーナ大会、長州力と大仁田厚がノーロープ有刺鉄線電流爆破デスマッチで激突。長州が勝利。大日本・大阪・鶴見緑地公園花博広場大会、葛西純がノーロープ有刺鉄線ファイヤーデスマッチで山川竜司に勝利。

8月6日 大日本・東京・JR秋葉原駅昭和通口特設リング大会、BJW VS CZWファイヤーデスマッチでザンディグ&ニック・ゲージ組が松永光弘&葛西純に勝利。火が消えずリングマットが燃えるアクシデントが発生。

8月29日 大日本・東京・後楽園ホール大会、**フリーウェポン&エニウェアフォールデスマッチ**でザンディグが山川竜司に勝利し、BJW認定デスマッチ・ヘビー級王座を防衛。本間朋晃はアブドーラ小林に建設現場デスマッチで勝利。

9月15日 大日本・東京・後楽園ホール大会、ザンディグが**ボブワイヤーボード&サボテン・デスマッチ**で本間朋晃に勝利しBJW認定デスマッチヘビー級王座を防衛。

過激な進化・発展を遂げていったのである。

TOPIC 03

デスマッチに見るプロレスラーの矜持

マット界をノーロープ有刺鉄線電流爆破デスマッチの衝撃が席巻したこの年、全日本女子プロレスでブル中野とアジャ・コングが行った金網デスマッチは、今なお語り継がれるべきデスマッチ至高の一戦だ。現在に続くデスマッチの原点は間違いなくFMWにあるが、一方でこの試合もまた一つの原点といって差し支えあるまい。ギミックは金網のみと至ってシンプルで、金網の外にエスケープすれば勝利。にもかかわらず、金網のてっぺんでリングに向き直り、中央で倒れるアジャにブルが放ったギロチンドロップ。ギミック自体のインパクトではなく、ギミックを最大限に活用してプロレスの凄みを体現した一発の衝撃は、電流爆破のそれを完全に凌駕。現在、主流をなすデスマッチファイターたちの「プロレス自体の凄みありき、痛みありき」というスタンスの原点は、間違いなくここにある。

TOPIC 04

エスカレートし続ける危険性

別に高いところから飛べばいいというわけではないが、高さ約7mの後楽園ホール初バルコニーダイブで一気にブレイクし、大仁田に続くインディーのカリスマとして活躍したのが、当時はW★INGプロモーションに所属していたミスター・デンジャーこと松永光弘だ。そのデスマッチ遍歴は巻末のインタビューに詳しいのでここでは端折るが、「いかに体を張って観客に痛みを届けるか」というプロレスラーの根源的な在り方を見た目にわかりやすく、さらに過激に伝える手段が、高所からの危険極まりないダイブ。2000年7月2日の大日本・後楽園ホール大会でジ・ウィンガーが見せたバルコニーセントーンは、その最たる例だろう。デスマッチの現在を牽引するカリスマ・葛西純もバルコニーダイブに体

9月21日 FMW・北海道・月寒グリーンドーム大会、ハヤブサと冬木弘道がノーロープ金網電流爆破マッチで対戦し、ハヤブサが勝利。冬木が一時、電気ショックで心肺停止状態に陥る。

11月23日 全女・東京・国立代々木競技場第二体育館大会で、伊藤薫&中西百重&高橋奈苗組と下田美馬&三田英津子&前川久美子組が金網デスマッチで対戦。中西が金網最上段からのムーンサルトアタックを繰り出す。

2001年

5月3日 大日本・北海道・札幌テイセンホール大会、ザンディグがCZWスタイル200本蛍光灯マッチでマッドマン・ポンドに勝利。

5月27日 大日本・東京・後楽園ホール大会、松永光弘と葛西純が初の画鋲裸足デスマッチで対戦。

10月27日 大日本・東京・後楽園ホール大会、松永光弘とアブドーラ小林が薔薇剣山デスマッチで激突。剣山が初めてデスマッチ・アイテムとして使用される。

12月2日 大日本プロレスが初の神奈川・横浜アリーナ大会を開催。ガラス爆破デスマッチでザンディグが松永光弘に勝利しBJW認定デスマッチヘビー級王座を奪取。葛西純は蛍光灯200本4WAYマッチで、2試合出場のザンディグに勝利。

2002年

3月3日 大日本・神奈川・横浜文化体育館大会、山川竜司が葛西純に地雷爆破ボード・ロシアンルーレット・デスマッチで勝利。BJWスタイル・ファン持ち込み蛍光灯デスマッチで金村キンタローがBADBOY非道に勝利。

8月18日 大日本・神奈川・横浜文化体育館大会で、WORLD EXTREME CUPトーナメント決勝戦。ガラスデスマッチで山川竜司が金村キンタローに勝利し、優勝。

9月20日 大日本・東京・後楽園ホール大会で、友情確認デスマッチ〝ザ・絆〟。山川竜司&シャドウWX組がジ・ウィンガー&マッドマン・ポンド組に勝利。

9月23日 大日本・東京・ディファ有明大会で、秋の味覚クリ&キンカン&シーブリーズ&蛍光灯デスマッチ。シャドウWX&ジ・ウィンガー組が山川竜司&アブドーラ小林組に勝利。

12月19日 大日本・神奈川・横浜文化体育館大会、山川竜司&金村キンタローとグレート小鹿&MEN'Sテイオーが、4選手の年齢を合計した本数の蛍光灯を使用するエイジショック・蛍光灯デスマッチで対戦。

2003年

5月5日 WEW・神奈川・川崎球場大会、橋本真也と金村キンタローがノーロープ有刺鉄線電流爆破デスマッチで対戦。金村が急逝した冬木弘道の遺影を抱いて電流爆破に飛び込む。

6月29日 WJ・北海道・札幌きたえーる大会、天龍源一郎&大仁田厚組VS長州力&越中詩郎組が電流爆破デスマッチで対戦。

8月24日 大日本・神奈川・横浜文化体育館大会で、団体設立以来500試合目のデスマッチ。伊東竜二が金網デスマッチで金村キンタローに勝利し、第16代王者としてBJW認定デスマッチヘビー王座を初戴冠。

8月28日 新日本・大阪府立体育会館大会で、蝶野正洋と高山善廣が金網デスマッチで対戦。

2004年

3月28日 新日本・東京・両国国技館大会で、棚橋弘至と村上和成のU-30無差別級タイトルマッチが金網デスマッチで行われ棚橋が防衛。金網は別会場に設置され、観客は場内スクリーンで観戦。

5月13日 大日本・神奈川・横浜赤レンガ倉庫2号館3Fホール大会にて、伊東竜二がマッドマン・ポンドと持込凶器蛍光灯デスマッチで対戦し、BJW認定デスマッチヘビー級王座を防衛。

7月18日 大日本・東京・後楽園ホール大会にて、伊東がgosakuとのBJW認定デスマッチヘビー級王座で蛍光灯300本デスマッチを行い、防衛。

9月16日 新日本・仙台・宮城県スポーツセンター大会で、蝶野正洋と天龍源一郎がチェーン・デスマッチで対戦。

12月18日 大日本プロレスが神奈川・横浜文化体育館大会で創立10周年興行を開催。伊東竜二VS BADBOY非道のBJW認定デスマッチヘビー級選手権試合が10アイテムデスマッチで行われ、伊東が防衛。

2005年

2月2日 大日本・東京・後楽園ホール大会で、〝黒天使〟沼澤邪鬼デスマッチ7番勝負がスタート。アブドーラ小林と凶器観客持ち込みデスマッチで対戦。

6月8日 大日本・神奈川・横浜文化体育館大会で、〝黒天使〟沼澤邪鬼がデスマッチ7番勝負第6戦で葛西純と対戦。「MADNESS OF MASSACRE〜狂気の殺戮」有刺鉄線ボード&カミソリ十字架ボード+αデスマッチで行われた。

7月22日 大日本・東京・後楽園ホール大会にて、伊東竜二&佐々木貴と葛西純&〝黒天使〟沼澤邪鬼が、蛍光灯200本ケージデスマッチで対戦。

8月14日 大日本・埼玉・桂スタジオ大会で、〝黒天使〟沼澤邪鬼デスマッチ7番勝負最終戦。関本大介と7大地獄絵図で対戦し、7番勝負初勝利。沼澤は1勝6敗。

8月25日 大日本・東京・後楽園ホール大会で、初の3WAYタッグデスマッチ（伊東竜二&佐々木貴VS葛西純&〝黒天使〟沼澤邪鬼VSアブドーラ小林&関本大介）が行われた。

12月21日 大日本・神奈川・横浜文化体育館大会、アブドーラ小林が建築現場with蛍光灯デスマッチで伊東竜二を破り、BJW認定デスマッチヘビー級王座を奪取。

2006年

3月31日 大日本・東京・後楽園ホール大会、佐々木貴が蛍光灯&剣山デスマッチでアブドーラ小林を破り、BJW認定デスマッチヘビー級王座奪取。佐々木は試合中に剣山が頭に刺さって抜けなくなるというアクシデントの中の勝利だった。

4月28日 大日本・東京・後楽園ホール大会、伊東竜二&佐々木貴組VS045邪猿気違's（葛西純&〝黒天使〟沼澤邪鬼）が蛍光闘恐タワー&蛍光灯200本デスマッチで激突。

5月5日 大日本・神奈川・横浜赤レンガ倉庫大会で、BJW認定デスマッチヘビー級次期挑戦者決定戦が行われ、横浜ランドマークタワーがモチーフの蛍光灯タワーと、大観覧車コスモクロック21を模した蛍光灯巨大観覧車を使用するみなとみらいデスマッチin赤レンガで伊東竜二と〝黒天使〟沼澤邪鬼が対戦。

5月22日 大日本・神奈川・川崎市体育館大会、伊東竜二&佐々木貴&アブドーラ小林組と葛西純&〝黒天使〟沼澤邪鬼&BADBOY非道組が川崎デスブリッジ6人タッグデスマッチで対戦。

6月26日 大日本・東京・後楽園ホール大会、佐々木貴VS〝黒天使〟沼澤邪鬼のBJW認定デスマッチヘビー級王座戦がデスマッチ・ダブルプロデュースで行われ、佐々木が防衛。

7月14日 大日本・東京・後楽園ホール大会、メインの「夏だ！デスマッチだ！キチガイ祭り」で伊東竜二&佐々木貴と045邪猿気違'sが対戦。伊東・佐々木組は蛍光灯で組んだ神輿、045邪猿気違'sは蛍光灯でできた鳥居をリングに持ち込み、〝夏祭り〟気分を過剰に演出。

9月10日 大日本・神奈川・横浜文化体育館大会、伊東竜二が超高層ラダー蛍光灯&有刺鉄線四面地獄デスマッチで佐々木貴を破りBJW認定デスマッチヘビー級王座奪取。ただし、試合中の負傷で入院・欠場を余儀なくされ王座返上。

9月24日 アパッチプロレス軍・東京・後楽園ホール大会、金村キンタローと真壁刀義がWEWヘビー級王座を懸けてストリートファイト有刺鉄線バリケードマッドチェーンデスマッチで対戦。真壁が初代王者に。

12月3日 大日本・神奈川・横浜文化体育館大会、佐々木貴がBJW認定デスマッチヘビー級王座決定戦「狂神の蛍光灯神殿デスマッチ」で〝黒天使〟沼澤邪鬼を破り、第20代王者に。

12月25日 アパッチ・東京・新木場1st RING大会で、葛西純がワンデー・デスマッチトーナメントを開催。決勝の有刺鉄線スパイダーネットガラスクラッシュ+αデスマッチで、ジ・ウィンガーが葛西を破って優勝。

2007年

3月14日 大日本・東京・後楽園ホール大会、佐々木貴と宮本裕向が廣島大治組プレゼンツ高所作業につき立体足場建築現場デスマッチで激突。佐々木が勝利。

5月28日 大日本・東京・後楽園ホール大会、伊東竜二がBJW認定デスマッチヘビー級王座挑戦者決定巴戦・蛍光灯十字架+蛍光灯タワー+檻使用「聖地の丘」デスマッチで〝黒天使〟沼澤邪鬼に勝って挑戦権獲得。

8月26日 プロレスサミット・東京・ディファ有明大会で、〝黒天使〟沼澤邪鬼が蛍光灯デスマッチで佐々木貴を破り、BJW認定デスマッチヘビー級王座を初戴冠。

9月24日 大日本・後楽園ホール大会で、デスマッチ・ロイヤルランブル初開催。蛍光灯リングに8選手が持参の凶器を持ち込み。

10月14日 大日本・後楽園ホール大会にて、〝黒天使〟沼澤邪鬼VSアブドーラ小林の蛍光灯444本マッチが行われ、沼澤が防衛に成功。

12月14日 大日本・神奈川・横浜文化体育館大会、伊東竜二が「4corner cross of D」マッチで〝黒天使〟沼澤邪鬼を破り、BJW認定デスマッチヘビー級王座に返り咲き。

2008年

1月6日 大日本・埼玉・桂スタジオ大会にて、伊東竜二がノーロープボブワイヤー・ファイヤーボード&ボブワイヤーボードコンクリートブロックデスマッチでMASADAを破り、BJW認定デスマッチヘビー級王座を防衛。

1月24日 ZERO1-MAX・東京・新木場1st RING大会で、松永光弘が入団査定マッチ。大谷晋二郎と〝地獄の針山〟畳針デスマッチを行う。

を張り続ける筆頭格。しかし、本年ついに後楽園ホールから「ダイブ禁止」の通達が！　これまでデスマッチやハードコアマッチを盛り上げた数々の伝説パフォーマンスは、文字通り正真正銘の伝説となった次第。

TOPIC 05

デスマッチを支える凶器の進化

一方、ギミック面でデスマッチの進化を支えてきたのは数々の凶器だ。有刺鉄線、画鋲、五寸釘、ガラスからカミソリ、カマ、ハサミなどの刃物やドリル、果てはサソリ、サボテン、ピラニアといった生き物まで、思いつくものはなんでも凶器と化すのがデスマッチの魅力だが、その中で最も危険なのはやはり「火」。なぜなら一番コントロールが効かないから。日本初となったFMWのファイヤーデスマッチは、リングを囲む火の想像を絶する炎上ぶりで開始早々に試合続行不可能となり、ザ・シークが大火傷を負う事態に。また、1999年10月31日のW★ING・小田原大会でも、中牧昭二をパートナーに邪道&外道とスクランブルファイヤーデスマッチを行った金村ゆきひろ（現・キンタロー）が、全身大火傷で病院送りになるアクシデント発生。さらに、2002年2月2日の大日本・後楽園ホール大会でも、火を使用したシャドウWXが自ら大火傷を負うなど、危険事例は枚挙に暇なし。その点、ミスター・ポーゴの吐いた火が髪の毛に着火しても何ともなかったと語る松永は本当にどうかしているが、大火傷で入院・欠場の憂き目に遭いながら、とあるインタビューで「一番痛い凶器というのは、ワイフビーターが持ってる芝刈り機」「あとババ・レイ・バッドリーのチーズスライサー。おでこを削るという」と語る金村も相当どうかしていて、そんな彼らの生き様にこそデスマッチファイターのなんたるかが集約されているといえよう。もっとも、そのあとに続く金村の「でも、プロレスで何が一番痛いかといえば、長州力のラリアットであり、大谷晋二郎のドラゴンスープレックス、田中将斗のエルボー……

5月4日 埼玉・桂スタジオで、女子レスラーによるデスマッチ&ハードコア興行が開催される。メインは木村響子VS宮本裕向の男女による蛍光灯デスマッチ。伊東竜二VSシャドウWXの蛍光灯ボード&凶器持込デスマッチも行われた。

5月17日 ZERO1-MAX・埼玉・桂スタジオ大会、**ガラスレイン鉄球地獄デスマッチ**で松永光弘と大谷晋二郎が対戦。松永はデスマッチ封印を宣言。

6月23日 大日本・東京・後楽園ホール大会で、葛西純&〝黒天使〟沼澤邪鬼VS佐々木貴&宮本裕向の「045邪猿気違's復活記念 後楽園番外地 **血みどろ キチガイデスマッチ**」開催。通常の蛍光灯マッチ、蛍光灯を仕込んだ鉄檻を加えた試合形式で文字どおり血みどろの死闘を演じた。

7月13日 大日本・神奈川・横浜文化体育館大会で、**夏の横浜 ケージ&蛍光灯&激辛スパイスデスマッチ**。シャドウWXが葛西純を破り、BJW認定デスマッチヘビー級王座を防衛。

8月10日 大日本・大阪・鶴見緑地花博記念公園水の館付属展示場大会で、シャドウWXが**ノーロープ有刺鉄線ファイヤーデスマッチwithファイヤーボード**でアブドーラ小林を破りBJW認定デスマッチヘビー級王座を防衛。

9月14日 大日本・東京・後楽園ホール大会にて、シャドウWX&アブドーラ小林と佐々木貴&宮本裕向が、**凶器持込自由スパイダーネットタッグデスマッチ**で対戦。

12月19日 大日本・神奈川・横浜文化体育館大会、宮本裕向がシャドウWXを有刺鉄線爆破ボードデスマッチで破り、BJW認定デスマッチヘビー級王座を初戴冠。第24代王者に。

2009年

5月28日 大日本・東京・後楽園ホール大会にて、6年ぶりに復活した最侠タッグリーグの決勝戦がBJW認定タッグ王座決定戦として行われ、宮本裕向&佐々木貴組と竹田誠志&木高イサミ組が**最侠デスタワー 巨大蛍光灯タワー4コーナーデスマッチ**で激突。竹田&木高組が勝利を収め、優勝&タッグ王座戴冠。

7月27日 大日本・東京・後楽園ホール大会にて、南側のロープはカリビアン（KALIBIAN……ではなくホントはCALIBIANだけど無問題）式で有刺鉄線巻き、北側のロープには蛍光灯（KEIKOUTOU）、加えてバケツに剣山（KENZAN）を山盛り用意した3つの「K」＝**KKK（トリプルK）デスマッチ**で、葛西純とアブドーラ小林が対戦。

9月2日 東京・新木場1st RINGでプロレスリングFREEDOMSが旗揚げ

9月30日 大日本・富山・高岡テクノドーム大会、宮本裕向が**蛍光灯445本デスマッチ**でアブドーラ小林を破り、BJW認定デスマッチヘビー級王座を防衛。

11月20日 大日本・東京・後楽園ホール大会、葛西純と伊東竜二が**カミソリ十字架ボード＋αデスマッチ**で対戦し、葛西が勝利。この試合はプロレス大賞のベストバウト賞に選ばれた。

12月4日 大日本・神奈川・横浜文化体育館大会にて、**蛍光灯&立体足場スキャフォールドデスマッチ**で宮本裕向が佐々木貴を破り、BJW認定デスマッチヘビー級王座を防衛。

2010年

2月5日 大日本・東京・後楽園ホール大会、木高イサミが**「Judgement of Death」**で〝黒天使〟沼澤邪鬼を破り、BJW認定デスマッチヘビー級王座の次期挑戦権を獲得。

3月19日 大日本・東京・後楽園ホール大会、宮本裕向が**ダブルガラスボード&インディアンストラップデスマッチ**で木高イサミを破り、BJW認定デスマッチヘビー級王座を防衛。

5月4日 大日本プロレスが神奈川・横浜文化体育館大会で設立15周年記念大会を開催。伊東竜二が**金網&蛍光灯200本デスマッチ**で宮本裕向を破り、BJW認定デスマッチヘビー級王座を奪取。

7月30日 大日本・東京・後楽園ホール大会、伊東竜二が**ガラス&蛍光灯＋αデスマッチ**で竹田誠志を破り、BJW認定デスマッチヘビー級王座を防衛。

8月25日 FREEDOMS・東京・新木場1st RING大会で、アパッチ時代の第1回から4年ぶりとなる葛西純プロデュースのデスマッチトーナメント「PAIN IN LIMIT 2010」開催。メインの**蛍光灯&ラダー・デスマッチ**で葛西とザ・グレート・サスケが対戦し、葛西が1回戦に勝利。

8月26日 FREEDOMS・東京・新木場1st RING大会で、「葛西純プロデュース興行～PAIN IN LIMIT 2010～」準決勝&決勝戦が行われ、決勝のガラスボードデスマッチでMASADAが葛西を破り初優勝。

10月17日 大日本・東京・後楽園ホール大会、**伊東竜二がデスマッチ3大アイテム蛍光灯&ガラスボード&画鋲4万9205個デスマッチ**で石川修司を破り、BJW認定デスマッチヘビー級王座を防衛。

12月19日 大日本・神奈川・横浜文化体育館大会、伊東竜二が**蛍光灯450本デスマッチ**でアブドーラ小林を破り、BJW認定デスマッチヘビー級王座を防衛。

2011年

4月18日 大日本・東京・後楽園ホール大会にて、2月6日よりスタートしたシングルマッチリーグ「一騎当千～DEATHMATCH SURVIVOR～」決勝戦開催。FREEDOMSの佐々木貴とSTYLE-Eの竹田誠志が他団体選手同士による決勝を行い、**コンピレーション・デスマッチ**で佐々木が勝利を収め、BJW認定デスマッチヘビー級王座の挑戦権を獲得。

5月5日 大日本・神奈川・横浜文化体育館大会、伊東竜二が**ブロック&蛍光灯オブジェ＋αデスマッチ**で佐々木貴を破り、BJW認定デスマッチヘビー級王座を防衛。

6月27日 大日本・東京・後楽園ホール大会、伊東竜二が**蛍光灯200本ツインタワー凶器持ち込みデスマッチ**で星野勘九郎を破り、BJW認定デスマッチヘビー級王座を防衛。

8月25日 FREEDOMS・東京・新木場1st RING大会で、「葛西純プロデュース興行～PAIN IN LIMIT 2011～」開催。決勝戦のガラスボードデスマッチでジ・ウィンガーがMASADAを下して優勝。

9月19日 大日本・北海道・札幌テイセンホール大会にて、デスマッチアイテムで札幌名物を再現した**札幌式デスマッチ**が行われ、アブドーラ小林が佐々木貴に勝利。

10月21日 大日本・香川・高松シンボルタワー展示場大会、アブドーラ小林が**暗闇蛍光灯200本デスマッチ**で星野勘九郎を破り、巴戦を突破してBJW認定デスマッチヘビー級王座の挑戦権を獲得。

11月5日 大日本・神奈川・横浜文化体育館大会にて、葛西純&〝黒天使〟沼澤邪鬼VS宮本裕向&木高イサミのBJW認定タッグ選手権試合が**檻・梯・棘デスマッチ**で行なわれ、宮本&木高組が王座奪取に成功。

12月18日 大日本・神奈川・横浜文化体育館大会、アブドーラ小林が、蛍光灯スカイツリータワーや格子状に組んだ蛍光灯、コンクリートブロック、剣山から、フォークを剣山状にしたボックスまで、デスマッチアイテムの総決算ともいうべき**クライマックス・ゲーム・オブ・デス**で伊東竜二を破り、BJW認定デスマッチヘビー級王座奪取。

2012年

2月26日 大日本・東京・後楽園ホール大会、アブドーラ小林が**アルティメット・オープンフィンガー五寸釘デスマッチ**で竹田誠志を破り、BJW認定デスマッチヘビー級王座を防衛。

5月5日 大日本・神奈川・横浜文化体育館大会で、**自作凶器持ち込み蛍光灯306本デスマッチ**。アブドーラ小林が石川修司を破り、BJW認定デスマッチヘビー級王座を防衛。

5月12日 大仁田興行・東京・新宿FACE大会で、初代タイガーマスクがデスマッチ初体験。ザ・グレート・サスケとグラン浜田をパートナーに、**有刺鉄線ボードストリートファイトトルネード・エニウェアフォールデスマッチ**で、大仁田厚&矢口壹琅&保坂秀樹組と対戦した。

6月20日 リアルジャパンプロレス・東京・後楽園ホール大会で、大仁田厚と初代タイガーマスクが**デンジャラス・スペシャル・ランバージャック・デスマッチ**を行い、タイガーが勝利。

6月21日 大日本・東京・後楽園ホール大会にて、蛍光灯オブジェで東京名物を再現した**蛍光灯444本使用デスマッチ「TOKYO DEATH CITY」**が行われ、アブドーラ小林が〝黒天使〟沼澤邪鬼を破り、BJW認定デスマッチヘビー級王座を防衛。

7月15日 大日本・北海道・札幌テイセンホール大会にて、山川竜司が引退。アブドーラ・小林と伊東竜二をパートナーに、シャドウWX、〝黒天使〟沼澤邪鬼、星野勘九郎と、蛍光灯＋五寸釘ボード6人タッグデスマッチで対戦。

8月26日 横浜大花火・神奈川・横浜文化体育館大会、大仁田厚と曙が**ノーロープ有刺鉄線バリケードマットダブルヘル・メガトン電流爆破デスマッチ**で対戦し、デスマッチ初体験の曙が大仁田に勝利。

8月27日 葛西純プロデュース興行・東京・後楽園ホール大会で、「葛西純プロデュース興行～PAIN IN LIMIT 2012～」開催。決勝戦の**スペシャルガラスボード・デスマッチ**で葛西がMASADAに勝利し、悲願の初優勝を果たす。準決勝は、**嗚呼、東京砂漠！ホームレス寸前人間廃業デスマッチ**でMASADAがバラモン・ケイに、**スペシャルラダー・デスマッチ**で葛西が木高イサミに勝利。

9月25日 大日本・東京・後楽園ホール大会、アブドーラ小林が**粉骨砕身・画竜点睛デスマッチ**で木高イサミを破り、BJW認定デスマッチヘビー級王座を防衛。

12月9日 大日本・神奈川・横浜文化体育館大会で、7種の凶器を使った**SEVEN COLORS DEATHMATCH**が行われ、アブドーラ小林が伊東竜二を破り、BJW認定デスマッチヘビー級王座を防衛。

2013年

1月2日 大日本・東京・後楽園ホール大会、石川修司が**ガラスボード&新春デスマッチ**でアブドーラ小林を破り、BJW認定デスマッチヘビー級王座を奪取。

2月8日 大花火・大阪・BODY MAKERコロシアム大会にて、**史上初！**

凶器より生身の肉体から繰り出される必殺技のほうがキツイんですよ」という一言に、やはりプロレスのなんたるかが集約されてたりすることは言うまでもない。

TOPIC 06
デスマッチ究極の発明「蛍光灯」

数あるデスマッチアイテムの中で、究極の発明は間違いなく「蛍光灯」だ。砕け飛び散る見た目のインパクトと破裂音が、観る者の視覚と聴覚にストレートに刺さり、その効果は絶大。ただ、マット上に散乱する破片が選手の体にもダイレクトに刺さりまくり、傷口から体内に入り込むこともしばしばというから、選手にとっては観客に伝わりきらないレベルの痛みも伴う、いろんな意味で究極のアイテムといえる。ちなみに蛍光灯の初使用は、1997年に大日本が行った「月光闇討ち電撃殺人器スパークデンジャラスボード四面楚歌デスマッチ」。以降、松永や本間朋晃が蛍光灯の使用方法を進化させ、デスマッチアイテムとして完全に定着。その後も葛西や伊東竜二ほか数多のデスマッチファイターが過剰な進化を促して、デスマッチに欠くことのできない最重要アイテムに昇華したのである。

TOPIC 07
デスマッチは永遠に不滅DEATH!

あくまでデスマッチはイロモノという見方は未だ根強い。だが、1999年の新日本・東京ドーム大会で、大仁田VS蝶野正洋のノーロープ有刺鉄線電流爆破デスマッチが行われ、その後も数々のメジャー選手や元横綱までもがデスマッチに身を投じる事態に。一方、純然たるデスマッチファイターの戦いは、他の追随を許さぬエクストリームなレベルに突入し、未だその勢いはとどまることを知らない。プロレスが持つ見世物としての側面を凶器と狂気で過剰に彩るデスマッチこそ、ある意味、最もプロレスらしいプロレスの在り方、なのかもしれない。

3月17日 **大阪発!!ノーロープ有刺鉄線電流爆破なにわ地獄デスマッチ〜有刺鉄線電流爆破バット&有刺鉄線電流爆破椅子〜**で大仁田厚と曙が再戦し、大仁田が勝利。

4月10日 大日本・広島産業会館東館大会、石川修司が広島出身の西城秀樹にちなんだ**YMCAデスマッチ**（Y＝有刺鉄線、M＝海の〝ミルク〟牡蠣、C＝チェア、A＝安芸の宮島厳島神社の鳥居をかたどった蛍光灯を使用）で宮本裕向を破り、BJW認定デスマッチヘビー級王座を防衛。

5月2日 大日本・新木場1stRING大会で行われた「一騎当千〜DEATHMATCH SURVIVOR〜決勝戦」で、伊東竜二と木高イサミが**3つの形式を使ったデスマッチ3本勝負**（1本目：TLCデスマッチ、2本目：蛍光灯&ブロックデスマッチ、3本目：五寸釘ボード&TLC&蛍光灯&ブロックデスマッチ）を行い、1本&3本目に勝利した伊東が優勝。

5月5日 FREEDOMS・東京・後楽園ホール大会で、KING of FREEDOMS WORLD王座初代王者決定トーナメント決勝。佐々木貴が勝利して初代王者に。

8月24日 大日本・神奈川・横浜文化体育館大会、石川修司が**蛍光灯+ガラスボード+剣山6111個デスマッチ**で伊東竜二を破り、大日本認定デスマッチ・ヘビー級王座を防衛。

8月25日 FREEDOMS 葛西純プロデュース興行・大阪・城東区民ホール大会で、デスマッチトーナメントが地方初進出。**浪速狂しぐれ・ビックリ箱デスマッチ**で竹田誠志が、ラダーデスマッチでビオレント・ジャックが、画鋲デスマッチで佐々木貴が、蛍光灯デスマッチで葛西純が勝利し、決勝大会進出。

8月29日 大日本・愛知・名古屋国際会議場大会、石川修司が金網デスマッチ「Cage of DeathMatch All Stars」で〝黒天使〟沼澤邪鬼を破り、大日本認定デスマッチ・ヘビー級王座を防衛。

8月31日 FREEDOMS 葛西純プロデュース興行・東京・後楽園ホール大会で、デスマッチトーナメント決勝戦。**ノーキャンバスリング+ガラスボード・デスマッチ**で葛西と竹田誠志が対戦し、竹田が勝利してトーナメント優勝。準決勝は**有刺鉄線ボード+TLCデスマッチ**で竹田が佐々木貴に、**ダブルデンジャラス十字架ボードデスマッチ**で葛西がビオレント・ジャックに勝利。

9月29日 大花火・神奈川・横浜文化体育館大会、**ノーロープ有刺鉄線メガトン電流爆破&史上初!人間爆弾&東京初!有刺鉄線電流爆破バット・ダブルヘルデスマッチ**で大仁田厚と曙が3度目の対戦。全日本プロレス・白石伸生社長が「人間爆弾」として参戦。

10月14日 新日本・兵庫・神戸ワールド記念ホール大会、棚橋弘至とプリンス・デヴィットがランバージャック・デスマッチで対戦、棚橋が勝利。

11月4日 大花火・新潟・朱鷺メッセ大会で、**ノーロープ有刺鉄線〝エベレスト〟電流爆破タッグデスマッチ**。大仁田厚&田中将斗組が高山善廣&NOSAWA論外組に勝利。高山が電流爆破初体験。

大日本・神奈川・横浜文化体育館大会で、文化の日にちなんだ**「カルチャー・オブ・デス」**で木高イサミが石川修治を破り、大日本認定デスマッチ・ヘビー級王座奪取。

2014年

3月14日 FREEDOMS・東京・後楽園ホール大会で、KING of FREEDOMS WORLDタッグ初代王者決定戦。グレート小鹿&ジ・ウィンガー組が佐々木貴&高岩竜一組を破って戴冠。

5月31日 大日本・東京・後楽園ホール大会、伊東竜二&〝黒天使〟沼澤邪鬼と星野勘九郎&高橋匡哉が、長さ2.3mに及ぶ蛍光灯オブジェを用いた**ライトチューブ・スカイハイデスマッチ**で対戦。

6月14日 アメリカ・デラウェア州でのCZW「トーナメント・オブ・デス」に日本から葛西純、竹田誠志、〝黒天使〟沼澤邪鬼が参戦。葛西が日本人として初の優勝を飾る。

8月4日 大日本・新木場1stRING大会で、**窒息寸前水地獄!!! 緊張の夏!!! 大日本の夏!!! アナタの知らないサマーバケーションレスリング!!! ポセイドンアドベンチャースプラッシュマッチ**を開催。大量の水が使用される形式で、伊東竜二&星野勘九郎&稲葉雅人組とバラモン・シュウ&バラモン・ケイ&植木嵩行が激突。以後、ポセイドン戦は夏冬問わず開催されることに。

9月4日 FREEDOMS・東京・後楽園ホール大会にて、葛西純プロデュース興行「PAIN LIMIT デスマッチトーナメント2014」決勝戦。**ノーキャンバス&ガラスボードデスマッチ**でジ・ウィンガーが葛西純を下し優勝。

12月25日 FREEDOMS・東京・後楽園ホール大会にて、葛西純プロデュース興行「Blood Xmas 2014」開催。竹田誠志が**ガラスボード+αデスマッチ**で葛西に勝利し、KING of FREEDOMS WORLD王座を奪取。

2015年

1月23日 大仁田厚の大花火シリーズがパワーアップし、「超花火」にリニューアル。大阪・ボディーメーカーコロシアム第2競技場大会で第1回大会を開催。大仁田と高山善廣が**初代爆破王決定戦**で対戦し、高山が王者に。

3月1日 大日本・東京・後楽園ホール大会、宮本裕向VS〝黒天使〟沼澤邪鬼のBJW認定デスマッチヘビー級選手権試合を、剣山や画鋲など先端の尖ったものを凶器に使用する**針地獄デスマッチ**で行い、リング下に隠していた大量の栗&ウニを用いた宮本が勝利を収め、王座防衛。

4月19日 大日本・北海道・札幌テイセンホール大会にて、「一騎当千〜DEATHMATCH SURVIVOR〜決勝戦」開催。木高イサミとアブドーラ小林が、**コンクリートブロック&五寸釘ボード&蛍光灯200本デスマッチ**で優勝決定戦を行い、小林が勝利。

4月27日 「超戦闘プロレスFMW」が、プレ旗揚げ戦を経て、東京・新宿FACEで正式に旗揚げ戦を開催。メインは、大仁田厚&田中将斗&保坂秀樹VS村上和成&NOSAWA論外&スーパーシューターの**ストリートファイト・トルネード有刺鉄線ボード6人タッグデスマッチ**。

5月1日 FREEDOMS・東京・後楽園ホール大会で、**「デスマッチとストロングの融合 デストロングマッチ」**開催。竹田誠志がGENTAROを破り、KING of FREEDOMS WORLD王座防衛。

7月20日 大日本プロレスが20周年記念大会で両国国技館に初進出。BJW認定デスマッチヘビー級選手権が**20周年記念20アイテムデスマッチ**で行われ、伊東竜二がアブドーラ小林から王座奪取。

9月12日 超花火・新潟市体育館大会にて、大仁田厚&長与千種組がTARU&ダンプ松本にノーロープ有刺鉄線電流爆破デスマッチで勝利し、初代爆破王タッグ王座に輝く。

12月25日 FREEDOMS 葛西純プロデュース興行・東京・後楽園ホール大会で、**死面楚歌ガラスボードデスマッチ**。葛西が竹田誠志を破り、KING of FREEDOMS WORLD王座奪取。

2016年

3月23日 FREEDOMS・東京・後楽園ホール大会にて、葛西純が吹本賢児と**one's own Life〜生き様〜4 corner's of painデスマッチ**で激突。葛西が吹本を下し、KING of FREEDOMS WORLD王座を防衛するも、その後、葛西はヒザの負傷を理由に王座を返上。

4月27日 超戦闘プロレスFMW・東京・後楽園ホール大会で、FMW連合軍とUWF連合軍の全面対抗戦。メインにて、大仁田厚、雷神矢口、NOSAWA論外、保坂秀樹のFMW連合軍と船木誠勝、高山善廣、アレクサンダー大塚、冨宅飛駈のUWF連合軍が、ストリートファイト有刺鉄線ボード&バリケードマット8人タッグデスマッチで激突し、FMW軍が勝利。

4月28日 大日本・東京・新木場1st RING大会で、グレート小鹿が74歳の誕生日に蛍光灯6人タッグデスマッチに出場。小鹿は翌日、35年ぶりにアジアタッグ王座に挑戦した。

5月2日 FREEDOMS・東京・後楽園ホール大会で、KING of FREEDOMS WORLD王座決定戦。one's own Life〜生き様〜4 corner's of painデスマッチで葛西純が正岡大介を下し、新王者に。（本書6〜17ページ掲載）

5月5日 大日本・神奈川・横浜文化体育館大会にて、伊東竜二VS高橋匡哉のBJW認定デスマッチヘビー級選手権試合が**蛍光灯4面+4コーナーボードデスマッチ**で行われ、伊東が防衛に成功。アブドーラ小林&藤田ミノル組と〝黒天使〟沼澤邪鬼&竹田誠志組がダブルクロス・墓場デスマッチで激突。（本書26〜33ページ掲載）

7月13日 FREEDOMS・東京・後楽園ホールにて、葛西純プロデュース興行「Crazy monkey presents 東京デスマッチカーニバル2016」開催。佐々木貴VSミエド・エクストレモの**蛍光灯ラダー&有刺鉄線ボード+α〝never lose〟デスマッチ**、竹田誠志VS吹本賢児の〝**Madness Violent〟蛍光灯&ガジェットボード+αデスマッチ**、葛西純VSビオレント・ジャックの**アルティメット怪獣battleデスマッチ**（KING of FREEDOMS WORLD王座戦）が行われ、葛西はビオレントに敗北を喫し王座転落（本書74〜83ページ掲載）。なお、7月17日には広島産業会館西館で「広島デスマッチカーニバル2016」、7月31日には東成区民センターで「大阪デスマッチカーニバル2016」も開催された。

7月24日 大日本・東京・両国国技館大会、メインイベントのBJW認定デスマッチヘビー級選手権試合で**スキャフォールドGショックデスマッチ**が行われ、伊東竜二を破った星野勘九郎が第33代王者に。また、第8代・横浜ショッピングストリート6人タッグ王座決定戦では、〝黒天使〟沼澤邪鬼&竹田誠志&塚本拓海とアブドーラ小林&植木嵩行&高橋匡哉が、**デスマッチアイアンメイデン〜run to the hell〜**で激突。小林組が勝利し、第8代王者の座に就いた。（本書36〜41ページ掲載）

7月24日 なにわ超花火・大阪府立体育会館（エディオンアリーナ大阪）第2競技場大会にて、**3WAYバット有刺鉄線ボート電流爆破デスマッチ**で大仁田厚と船木誠勝が対戦。船木が電流爆破バット攻撃で大仁田を破り、爆破王選手権の第5代王者に。

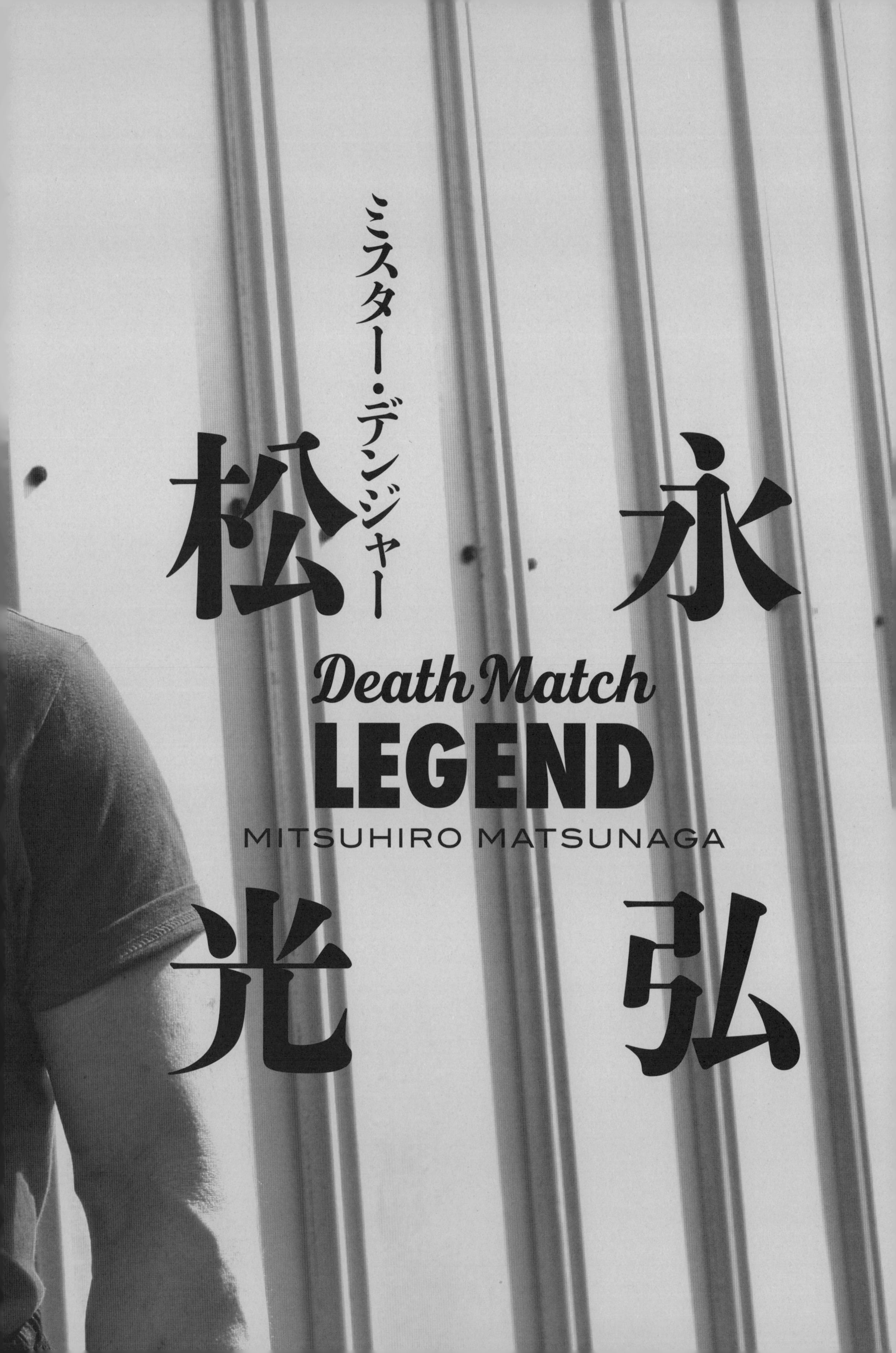

ミスター・デンジャー

松永光弘

Death Match LEGEND

MITSUHIRO MATSUNAGA

日本のマット界にまだデスマッチが今ほど根付いていなかった時代、
空手家からプロレスラーに転身し、W★ING、FMW、大日本プロレスなどの団体を渡り歩きながら、
独自のデスマッチ路線を創り上げてきたデスマッチ界のレジェンド・松永光弘。建設現場を皮切りに、
ピラニア、サソリ&サボテン、電撃殺虫器、ファイヤーストーブ、畳針など数々の危険な試合形式を発案。
誰よりも体を張り、道なき道を切り開いて今に繋がるデスマッチの礎を築き上げた男
「ミスター・デンジャー」が、今改めてその軌跡を振り返る！

取材・文◎青柳直弥

空手からプロレスの道へ

デスマッチ界のレジェンド・松永光弘——その格闘キャリアは空手からスタートした。所属は愛知県に本拠を置く空手道場「誠心会館」。松永は知多支部長を務めていた。師匠は1990年代に新日本プロレスのリングで反選手会同盟（のちの平成維震軍）の一員として暴れ回った青柳政司館長だ。その青柳が、88年に開催された「格闘技の祭典」に参戦し、大仁田厚と異種格闘技戦で一騎打ちを行ったことから両者の抗争が勃発。大仁田が89年10月6日にプロレス団体FMWを旗揚げすると、青柳の弟子として松永もプロレスのリングでデビューを飾ることとなった。

——松永さんはもともと、プロレスラーに憧れていたんですよね？

「はい。新日本、全日本、そしてジャパンプロレスとテストを受けて、すべて不合格でした。だから、FMWのリングに上がれることになったときは嬉しかったですね」

——FMWの旗揚げ戦でデビューされて、その2カ月後に、ジェリー・ブレネマン（のちのジェリー・フリン）とのコンビで、大仁田&ターザン後藤組と日本初の「有刺鉄線デスマッチ」を行ってますね。

「そうですね。だから、大仁田さんが日本で一番最初に有刺鉄線デスマッチをやった人と言われてますけど、実は私もそうなんですよ（笑）。もちろん、大仁田さんが企画したものに出ただけなんですけど」

——いくらプロレスラーになりたかったとはいえ、デビュー2カ月で有刺鉄線デスマッチに駆り出される人はそうそういないかなと。松永さんはそもそも空手家なわけですし。

「まあ、そうなんですけど……自分としては、軒並み入門テストに落ちて、一度はプロレスを諦めたところで巡ってきたチャンスですから必死でしたね。何が出てこようが、後楽園のリングに上がれるチャンスを活かさなければ、という一心でしたから。ただ正直な話、リングに有刺鉄線が張ってあるだけで、本当に突っ込むとは思っていませんでした……。だから、大仁田さんが突っ込んでいって腕がザックリ切れたのを見たときにビックリしたんです。私がそれまで観てきたデスマッチでは、猪木さんと上田馬之助さんのネイルデスマッチにしても釘板には落ちてなかったですからね。なので、完全に素で『あっ！』って顔してる私の写真が、当時の『週刊ゴング』に載っちゃってます(笑)。でも、そこから自分の中で強烈に意識改革が起こって、デスマッチに目覚めていくわけなんですけど」

次第にFMWのスタイルに魅せられていった松永は、選手として契約を希望し、大仁田に直談判。だが、青柳が剛竜馬の立ち上げた新団体「パイオニア戦志」に引き抜かれたことで、松永も追随せざるを得なくなる。パイオニア戦志のマットに「まったく魅力もやりがいも感じられなかった」松永は、日々「FMWに戻りたい」と考えていたが、やがてパイオニア戦志は消滅。その最終戦は松永にとって思い出深い興行となったばかりか、のちのマット界にとって重要な布石を打つこととなった。

「パイオニア戦志は結局潰れてしまうんですが、団体として最後の興行となった愛知県半田市民ホールは私の地元なんですよ。それで私がプロモーターを務めまして。その特権で、剛さんに頼んで齋藤彰俊をデビューさせてるんです。対戦相手は金村ゆきひろ（現・金村キンタロー）。ちなみに、金村もデビュー戦だったんですけど、これが最後の最後にパイオニア戦志で産んだ私のヒット作ですね。齋藤はいまだにインタビューなどで『俺をリングに上げたのは青柳館長じゃない。松永だ』って言ってくれてますけど」

松永と齋藤は、ともに誠心会館所属の空手家にして高校の同級生。お互いに高校時代からプロレスラーを夢見る者同士だった。時は流れ、松永はFMWの旗揚げ戦で念願のプロレスデビュー。一方、齋藤は同大会で空手の試合こそ行っていたものの、プロレスの試合は未経験。そのため、松永が友の夢の実現に一肌脱いだ格好だが、実はこの齋藤彰俊こそ、のちに松永が「デンジャー松永」になっていく過程での最重要人物。両者の友情とライバル関係が、松永のその後に思いのほか大きな影響を与えていくことになる。

——パイオニア戦志が潰れて、そこから松永さんはW★ING参戦に至るわけですか？

「そうなんですけど、厳密には齋藤とふたりで2回ほど、愛知で青柳館長抜きの誠心会館自主興行をやってますね。青柳館長は、半田市民ホールのパイオニア戦志最後の興行の前に新日本プロレスに行っちゃいましたから」

——青柳館長が新日本に行くとき、松永さんには声はかからなかったんですか？

「最初は館長がひとりで新日本に乗り込んで。その後、誠心会館&パイオニア戦志連合軍の5対5のタッグマッチが組まれたとき、自分はその5人の中に入れてもらえなかったんですよ。それが剛さんと館長に対する不信感になってしまって……まあ、当然クサりましたよね。それで齋藤と愛知で自主興行を2回やったあと、館長と敵対する人間として新日本のリングで2回、館長とシングルをやったんです。館長とは1勝1敗で、勝った試合はテレビで流れたんですけど、この2試合で新日本とは終わり。いわゆるクビですよ」

その結果、松永はW★INGに身を投じ、デスマッチ路線にその才能を開花していくわけだが、それは同団体が格闘技路線の「世界格闘技連合」と純然たるプロレス団体「W★INGプロモーション」に分裂してからの話。旗揚げ当初の「世界格闘技連合W★ING」においては、想定外の冷や飯を食わされることに。

「最初は『格闘三兄弟』（柔道の徳田光輝、空手の齋藤彰俊、サブミッション・マーシャルアーツの木村浩一郎）がメインで、団体側はこのトリオを売っていきたかったんですけど、選手入場式で大歓声が上がるのは齋藤と自分だけだったんですよ。齋藤は格闘三兄弟でブレイクして、自分は新日本帰りでしたし、テレビマッチで館長からも1勝してたんで、自分と齋藤のときは後楽園ホールでお客さんがワーッとなる。でも、他のふたりの入場はシーンとしてましたね」

——この頃、松永さんはすでに髭に金髪、黒い道着ですか？

「はい。一応、誠心会館では知多支部長だったんで、青柳館長からは『支部長なんだから、金髪をやめろ』って何度も怒られてたんですけど、絶対にやめませんでした。せっかく付いた個性を消す必要はないと思ってましたから。まあ、道場で教えるときは、さすがに黒道着じゃなくて白道着でしたけどね（笑）」

——格闘三兄弟推しの中、初期W★INGのデスマッチ路線は松永さんが打ち出していったんですか？

「いや、私は経営陣からの評価が非常に低くて。あくまでも格闘三兄弟、エースは齋藤彰俊という頑な路線で。私は第1試合、しかもエキシビションからのスタートでしたから」

——新日本にも上がってるし、実績は一番あるのに！

「だから、W★INGってヘタクソだなって思いましたよ。正直、自分はW★ING初参戦の試合当日まで、片っ端からマスコミの人に『誰かターザン

デビュー2カ月で挑んだ日本初「有刺鉄線デスマッチ」のリングで、デンジャー開眼

後藤さんの電話番号知りませんか？』って聞いてたんですよ。『俺、裏切ってFMW戻るから』って。金髪空手着のギミックもできたし、青柳館長からも一応1勝したし、新日帰りだから、今なら大仁田さんも許してくれるかもしれないと思って。だけど、大仁田さんに直接言う度胸がなくて、ターザン後藤さんの電話番号を聞きまくってたんです。でも、そうこうしてる間に、乱闘に巻き込まれてW★INGに参戦せざるを得なくなって……。そこでFMWに帰る夢が潰えたんですよ。で、W★INGに上がったものの、第1試合で鶴巻伸洋選手とのエキシビションですよ……。これがもし大仁田さんだったら、金髪黒道着で、新日本に上がって青柳館長から1勝してる自分を、抗争相手としてヒールの最前線に立たせると思うんですよ。それが第1試合からですから……正直、クサってましたね」

――なるほど。でも、キャリアの浅い齋藤彰俊選手が、なぜそこまでプッシュされてたんですか？

「W★INGが初めて後楽園ホールで興行を打ったとき、専門誌に『後楽園ホールにニューヒーローが誕生、その名は齋藤彰俊』って見出しでカラーページが割かれたんですよ。やっぱり、それだけ華があったんでしょうね。自分もW★INGに入ったはいいけど、自分が上がった1シリーズだけでフロント陣の対立で解散しちゃって。それで、自分は以前もやってた溶接のアルバイトに戻って。そしたら、その頃、新日本VS誠心会館が勃発するわけです」

バルコニーダイブで人生が一変

W★ING分裂後、斎藤彰俊は新日本に参戦し、青柳館長との誠心会館コンビで新日本の越中詩郎、小林邦昭らと抗争を繰り広げたのち、越中率いる反選手会同盟（のちの平成維震軍）に加入。一方、松永は新たに始動したW★INGプロモーションに参戦。ここから両者のプロレスラーとしての道は大きく分かれていくことになる。

史上初！ 決死のバルコニーダイブ――

「新日本と誠心会館の対抗戦が始まった頃、自分にも声はかかったんですが、自分は頑なに新日本には上がらない姿勢を貫いたんです。こっちは以前、2試合で『松永しょっぱい』って新日本からクビにされてる身ですからね。ましてや前回の参戦時に最初に提示された条件と、実際に支払われた金額が違ってたこともあって、新日本に対する不信感があったんですね。だから、意地でオファーを断り続けたんです」

――そんな中、新日本VS誠心会館のアングルが大ブレイクすることに。

「そうですね。結局、自分の手によって(プロレスのリングに)上げた齋藤彰俊が、親友だった齋藤が、持ち前のスター性で一気にスターダムを駆け上がっちゃって。齋藤が表紙の『週刊プロレス』を見たときはショックで体が震えました。小林さんとの試合がすごかったという話は聞いてたんですよ。それですごい嫌な予感がして本屋に行ったら、齋藤がバーンと表紙に載ってるわけですよ。もう体が震えるぐらいショックでしたね。それまで大仁田さんとの有刺鉄線デスマッチでメインに出たとか、館長との試合がテレビマッチだったくらいで喜んでた自分が、いかに小さかったのかと……」

――彰俊さん、いきなり全国区になっちゃいましたからね。

「そうなんですよ。いきなりあれでブレイクですから。しかも自分より後から入ってるわけじゃないですか。ただ、今思うと、大仁田さんとの試合でメインに出たとか、テレビマッチに出たくらいで『そんなんで喜んでてどうするんだ、お前は』って、齋藤に背中を押された気はします」

――齋藤彰俊のブレイクが、松永光弘に火をつけたわけですね。

「はい。それまでの自分はリングに上がるときに緊張したりもしてたんですけど、とにかくもう、やる気満々、死んでもいいぐらいの気持ちになってましたね。その齋藤の表紙を見てから。で、齋藤には一応、『おめでとう』って留守電メッセージを入れて、自分もW★INGの試合のために東京入りしたんですけど、午前中に後楽園ホールを1回見に行って。そしたら、プエルトリコ軍団がいて、アイスマンがバルコニーの上から見てたんですよね、下を。アイスマンがバルコニーから飛ぶという話は前の日に聞いてたんで、『それは面白いな』と思ってたんですけど、突然アイスマンが『飛ばない』って言ったんですよ。『できない。足を怪我する』って。『ここから飛ぶ』って言ったとこのとこだったんですけど、自分はそれを『あ〜あ……』って思って聞いていて。それで、後楽園ホールからホテルに戻る途中に『よし、俺が飛ぶ』って決断をするんですよ。アイスマンが飛ばないなら、俺が飛んでやると」

――それが、伝説のバルコニーダイブですね。

「『飛ぶ』ってみんなに宣言して、『絶対やめたほうがいい』って言われても、『いや、俺は飛ぶ』と。テッド・タナベさん（レフェリー）からも試合前、『松永クン、本当に飛ぶの？』って聞かれたんで、『齋藤に負けてられませんから』って返したら『わかった』って言われたのを覚えてます」

――飛ぶ瞬間は無心ですか？　ケガするかも、みたいな気持ちは？

「何も考えてませんでした。怖いともなんとも思わなかったですね。もう齋藤彰俊に対するライバル意識と嫉妬心が強烈だったんですよ」

1992年2月9日、W★ING後楽園ホール大会のザ・ヘッドハンターズ戦で、松永は2階バルコニーからダイブし、そのインパクトで観客の度肝を抜いた。後楽園ホールで初めてバルコニーダイブを敢行したプロレスラーとなり、これを機に「ミスター・デンジャー」と呼ばれるようになっていく。

――バルコニーダイブしたあと、やっぱり変わりましたか？　周りの反響とか。

「あまりの激変ぶりに自分がついていけなかったですね。『週刊プロレス』のコラムにも『あのW★INGプロにも存続の芽が出てきた。松永がたった一発、決死のダイブをしたからだ』みたいな書き方をされて。次に後楽園に出たとき、自分はディック・マードックにシングルマッチで負けちゃったんですが、メインのポーゴさんとジプシー・ジョーのケージマッチで、金網の上からダイブしてジプシー・ジョーの救出に入ったんですよ。で、リングから降りたらファンに一斉に囲まれて大・松永コールが起こったんですけど、自分は呆然としてましたからね。『何があったんや』と思って」

衝撃の荒技に観客狂喜、デンジャー覚醒。

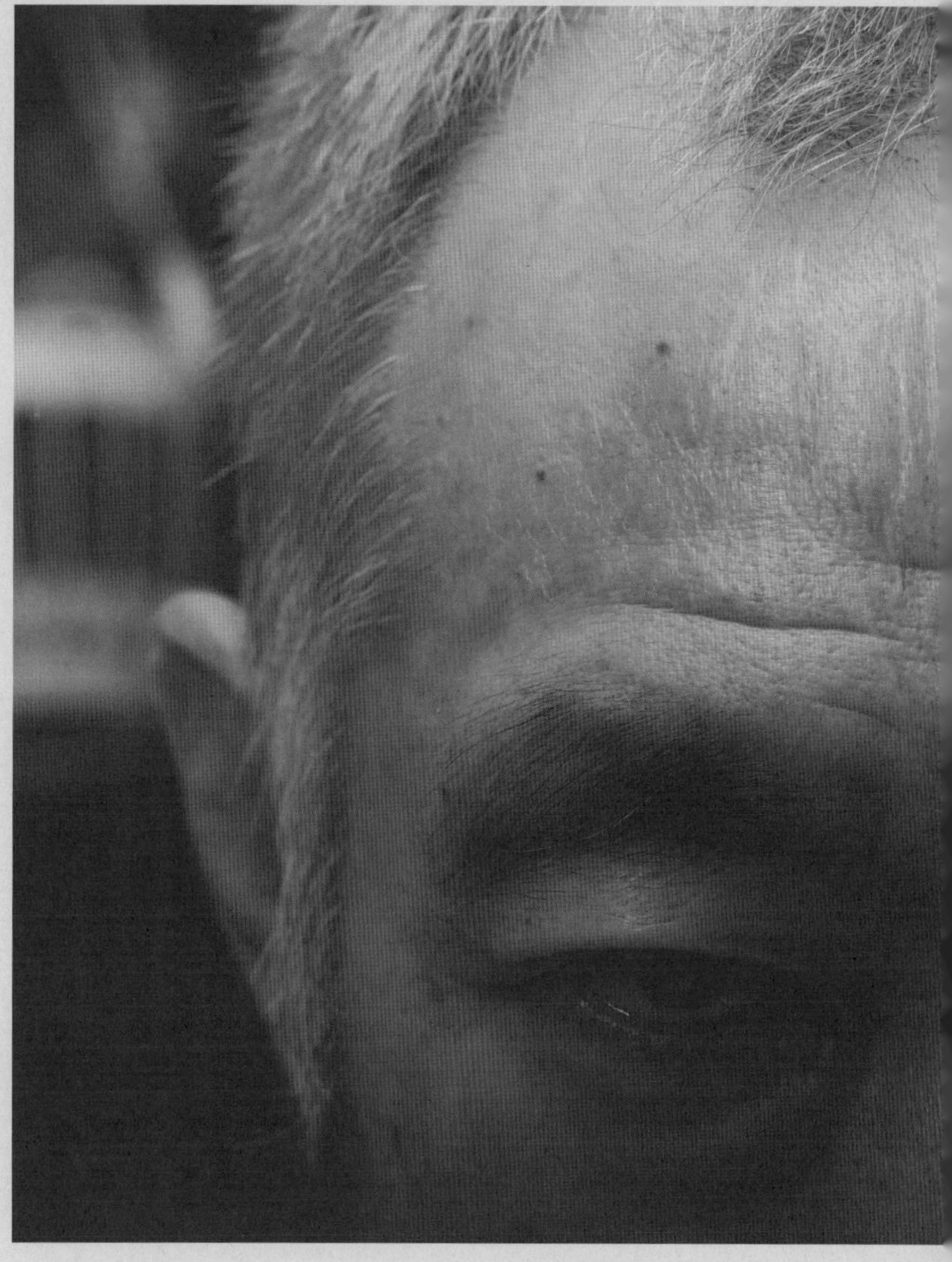

――それまで、そういうことはなかったんですか？

「なかったですし、フロントからも地味でスター性がないって言われ続けてきた人間ですからね。唯一、そこそこのポジションで使ってくれたのは大仁田さんだけで、パイオニア戦志以降は、もう一切でしたから」

――でも、そこから一気にW★INGのエース格に躍り出て。

「選手入場式の順番も変わりましたね。W★INGの分裂騒動のときに齋藤は新日本、木村浩一郎はリングスに行っちゃって、自分の入場順は格闘三兄弟で唯一W★INGに残った徳田光輝の前だったんですけど、トリが自分になって。他にも、『週刊プロレス』の上半期のファン投票で、自分がプロレスグランプリ4位だったんですよ。1位が長州力さんで、他のふたりは覚えてないんですけど、そこに齋藤は入ってなかったですからね。しかも、その後（同年3月8日）に後楽園ホールでやったミスター・ポーゴとのスクランブル・バンクハウスデスマッチがベストバウト5位だったり、自分を取り巻く環境がいろいろ激変しました。その試合は最後、自分が頭から灯油をかけられて火を吹かれる試合なんですけど、ポーゴさんもこのとき灯油を使っては初めて火を出したんじゃないかな」

――火って怖くないですか？

「いや、全然怖くなかったですね。バルコニーダイブのときも火のときも、もうハングリー精神の固まりで失うものが何もなかったですから。貯金なんか一円もなかったですし、変に空手道場作っちゃったりして、借金だけが残ってるという状況で」

――ご自分の道場を？

「そうですね。銀行で300万円借金してトレーニング器具も買っちゃったし、親戚から200万円借金して建物を建てちゃった時期でしたから、火を吹かれるぐらい何も怖くなかったんですよ。それと、溶接のアルバイトにはもう戻りたくなかったですからね。『来たいときはいつでも来ていいよ』と言われてたけど、こっちは練習に専念したいじゃないですか」

――なるほど。葛西純選手が「一番怖いのは火、ファイヤーデスマッチだ」って言ってたんで、松永さんはどうなのかなと思ったんですけど、そもそもそういう次元の話じゃなかったという（笑）。

「でも、こないだファンの方から『今のデスマッチファイターはみんな、松

新たなデスマッチアイテムに挑みし者の恍惚と恐怖、その二つ我にあり

永さんがやってきたことを踏襲してるけど、頭から灯油をかけて燃やされる人って、いまだに誰一人出てきてませんね』って言われてハッとしたんですよ。『あれだけはいまだに真似しませんね、誰も』って」

——まあ、誰でも真似できることじゃないですよね。

「ポーゴさんも自分に火を吹くときは、思いきり踏み込んで火を吹いてくるんですよ。オイオイ！って感じで、私の目前まで来て吹いてくるんで、何回大火傷したかわからないです。まあ、それが松永VSポーゴ戦を伝説にしてくれたとも言えますけど」

——火を吹かれる瞬間って、どうなんですか？　もう何も考えられない感じですか？

「後楽園ホールのときは何も考えてなくて、火がくる！と思った瞬間に目だけは瞑りました。目だけ瞑ってたら『ボン!!』って音がして、それだけでしたね」

——そこは、ポーゴさんと松永さんの信頼関係もありますよね？

「もちろんそうです。あとは、『こいつになら何やっても大丈夫』みたいな安心感が向こうにあるんでしょうね」

——ポーゴさんとの関係性ってどうなんですか？

「最高に関係はいいです。でも、最悪だった時期もあります。関係が最悪だった時期は長かったですけど、今は最高に良いですね」

——関係が最悪だった時期にファイアーとか怖いですよね？

「怖いですよ。正直、一歩間違えたら大火傷負っててもおかしくないような紙一重な場面もありましたから」

エスカレートしていく凶器

——デスマッチ路線がどんどんエスカレートしていく過程で、次はどういう形式の試合にしようみたいなことを毎日考えていたんですか？

「というより、当時は、プロレスラーとしてのキャリアが足りなかったので、まずプロレスが下手だっていうのは自分でもすごく自覚をしていて。アイディアも（のちに主戦場となる）大日本プロレスのときほどはなかったですね」

——でも当時は、どのアイテムも初登場ですよね。

「そうですね。有刺鉄線バットもそうだし、五寸釘のときは東京スポーツに『世界初の落下』って載りました（苦笑）。猪木VS上田とか、ドリーファンク・ジュニアVSアブドーラ・ザ・ブッチャーのネイルデスマッチがありましたけど、誰も落ちてないですから。でも、有刺鉄線バットを考えたのは金村選手ですし、ガラスデスマッチは当時W★INGにいた広報の遠藤くんの発案ですけど、やる前に自分がFMWに移籍しちゃって、IWAジャパンに先にやられちゃいました。あと画鋲もIWAですね」

——サボテンとかワニとか。

「それはどっちも自分の発案です。あとは電気ストーブとか。その頃、自分は主戦場が大日本でしたから、『室内でファイヤーデスマッチをやる方法があるんです』って小鹿さんに言ったら、『どうやってやるんや』『電気ストーブです』って感じで。そこから、のちの電撃殺虫器につながったり。他にも、今はデスマッチアイテムとして蛍光灯が定着しましたけど、蛍光灯の前身は電球だったんですよ。登坂（栄児／現・大日本プロレス社長）さんに『蛍光灯ってどう思う？』って聞いたら、『うーん……今までのに比べたらインパクト薄いんじゃないですかね』なんて言ってたんですけど、始めてみたらあれが一番面白かった。登坂さんは、アイデア的にはサソリ・サボテンが一番って言ってて、自分もそう思ってたんですけど、内容でいえばやっぱり蛍光灯ですね」

——蛍光灯の使用は、ちょっとした発明ですよね。視覚と聴覚に訴える効果が抜群で。その点、サソリ・サボテンなんかはちょっと、痛みや怖さが伝わりづらいのかなと。

「伝わりづらいです。サボテンとサソリっていう絵ですよね、面白いのは」

——あとは、言葉の響きと。

「ピラニアデスマッチもそうですね。ピラニアデスマッチのときに、後楽園ホールでやればよかったものを横浜文体でやっちゃったんですよ」

——そこまで会場が広いと、すべてのお客さんには……。

「伝わりづらいんですよ。週刊プロレスにも『2階にいる人から見えない』って書かれて。その教訓もあって、サソリ・サボテンのときは入れてある水槽に拡大レンズを貼ったんですよ。それは自分じゃなくて、大日本プロレスが貼ったんですけど、今度は逆にその拡大レンズが邪魔でサソリが見えない」

――余計見にくいっていう。

「はい、ある特定の角度から見なきゃ見えないみたいな。でも、バルコニーのお客さんは、自分が帯でサソリをバンバン叩いて、サソリがみんなハサミと尻尾を上げて怒るところが見えたらしいんですよ。で、最後は自分が落ちちゃうっていう」

――サソリの衝撃はどうだったんですか？

「ダイオウサソリというサソリだったんですけど、ミツバチに刺されたぐらいの痛みがありますね」

――その例えだとなんともイメージしにくいんですが……そういうデスマッチアイテムを考えるときって何を主眼に置くんですか？

「次の後楽園をどうやって満員にするかっていう、それだけですよ。建設現場から始まって、ピラニア、サソリ・サボテン、電球、蛍光灯、電撃殺虫器。それで、電撃殺虫器までやったところで自分は1回フェードアウトっていうか、お店（ステーキハウス・ミスターデンジャー）を始めることになるんですけど。大日本に上がったのも、もともとステーキ屋で修行してるときに小鹿さんからオファーがあったんですね。当時、O-157が出てステーキ屋が暇になっていづらくなったり、いろいろ事情が重なったのと、中牧（昭二）さんからの勧誘があまりにも熱心だったんで。でも、最初は熊が出るっていうから大日本プロレスに興味持ったんですよね」

――熊は中止になっちゃいましたもんね。ちなみに、いつからそういうおかしな方向というか、危ない方向にどんどん行きだしたんですか？ 最初は彰俊さんに対する……。

「ライバル意識だったんですけど。でも、最初に電流爆破を観たときから『いいな、俺もやりたいな』と思ったし、その前に大仁田さん、後藤さんと有刺鉄線デスマッチやったときも、俺ならこうやってぶつかろうかなとか、そういうことを考えてましたからね。でも、一番はやっぱり歓声も視線もすべて集約される場面がすごかったってことですよね。五寸釘に落ちて『あ〜！』ってお客さんが言ったときの場内の悲鳴と、歓声……その真っ只中に自分がいるわけですよ」

――それが気持ちよかったと。ミスター・デンジャーという称号を得てしまったばかりに、途中から「俺はミスター・デンジャーを演じていかなきゃ」みたいな思いもあったんですか？ やっぱりどんどん危ない方向に行かないとみたいな。

「いや、好きでやってましたね」

――松永さんの一連のデスマッチは、言うなれば漫画の世界というか、リアル『タイガーマスク』って感じで面白かったです。

「あ、なるほど。ピラニアデスマッチなんか、まさにそうですよね。『I・2の三四郎2』にもピラニアデスマッチが出てくるんですけど、自分がやったあとに、三四郎がピラニアデスマッチをやるっていうのは嬉しかったです。しかも金村が金田という名前で出てきたりするから、『あ、これは俺たちをモチーフにしてるのかな』って思っちゃいますよね」

デスマッチこそ我が人生

――ところで、新しいアイテムを考案して投入するときって、どこまでシミュレーションするんですか？ これに突っ込んだらヤバいかな？ みたいなこととか。

「いや、基本的には特にしませんね。自分が思うに、今のファイターのほうが遙かにすごいことやってるのは認められるんですよ」

――あ、そう思います？

「思います。実際、遙かに過激なことを今のファイターのほうがやってるんで。だけど、どんなアイテムでも初めてやる怖さっていうのはあって。例えば、練習で1回五寸釘に落ちてみるわけにはいかないじゃないですか」

――いかないですよね。試合前にダメージ負っちゃいますもんね。

「そうなんですよ」

松永が経営する「ステーキハウス ミスター・デンジャー」の店内に貼られているW★INGプロモーションの興行ポスター。

1993年夏、W★INGからFMWへ移籍した際に、それまでのベビーフェイスからヒールへ転じるため開発したキャラクター「サーベルタイガー」用のサーベルと牙のマウスピース。現在、デスマッチで使用した凶器はほぼ手元に残ってないという。

——でも、それ怖くないですか？　ぶっつけ本番ってことですもんね。

「怖いですよ」

——しかも、松永さんが投入するってことは、松永さんが突っ込まざるを得ないですよね。

「そうそう。蛍光灯で頭殴ってみたらどうなるかとか、わからないじゃないですか。すべてわからないんですよ、やってみるまで。サソリのときも、ペットショップの人に『これはミツバチレベルです』って言われてもわからないじゃないですか。そしたら、サソリに親指の付け根を刺されて、1週間ぐらい経っても腫れたままだったんで、親指がこのまま腐ってくるのかなって思いましたね。で、結果的に大丈夫だったというのを見てから、みんなはやるわけじゃないですか」

——確かに。

「だから、初めての恐怖っていうのはすごいですよ」

——その初めてをいっぱい開拓してこられた自負はあると。電撃殺虫器なんかも、どういう痛みなのかわからないですもんね。

「わからないんですよ、全部。ファイヤーストーブ・デスマッチを考えたときは、小鹿さんに大反対されて」

——ストーブに直に触れて大火傷したら危ないじゃないかと。

「それで、小鹿さんに『じゃあ電気ストーブに有刺鉄線巻きますから』と提案したんですよ。『有刺鉄線が熱くなるから火傷はするかもしれないけど、直接あれに当たることはない』という妥協案で押して。だから、サボテン、サソリ、電球、蛍光灯、全部わかんないです。五寸釘のときも試合の前に、落ちるテストはできないから1回だけ上に寝てみたんですよ。そしたら『痛ぇ〜!!』って飛び起きましたからね」

——松永さん的にこれはマジでヤバかった的な、一番印象に残ってるアイテムは何ですか？

「あ、ゼロワン（ZERO-ONE MAX）でやった『畳針』です。最後に主戦場にしてたゼロワンの大谷晋二郎戦（2008年1月24日、東京・新木場1stRING大会）で畳針デスマッチをやったんですよ。そのあと、さらに大谷選手とガラスレイン鉄球地獄デスマッチ（同年5月17日、埼玉・桂スタジオ大会）というのをやって、それで自分のデスマッチは終わったんですよね」

——畳針は具体的にどれぐらいヤバかったんですか？

「ヤバいなんてもんじゃないですね。そもそも五寸釘でも相当危ないのに、それが針になっちゃうわけですから。ついに抜いてはいけない物を抜いたなっていう。サムライTVには試合の映像が残ってるんじゃないですかね、たぶん」

——ただ、いくら松永さんがデスマッチアイテムを思いついて「これでやるぞ」って気になっても、それを受けてくれる対戦相手がいないと成立しない部分もありますよね。

「それは、伊東竜二選手とサムライTVで対談したときにも言ったんですよ。『我々の頃は、なにしろ対戦相手探しが大変だった。対戦相手がいるのが羨ましい』って。自分のデスマッチの対戦相手は、取ってつけたような相手ばっかりですよ。言ってしまえばレザーフェイスもそうだし、ピラニアデスマッチのときはケンドー・ナガサキさん、サソリ・サボテンは中牧さん……でも申し訳ないけど、デスマッチファイターとしては自分とは大差があると思うんですよ。だから、2位以下との差がありすぎたというか」

——松永さんはちょっと時代が早すぎたんですかね。

「そうですね。当時は認めてもらえなかったから、プロレス大賞とか賞の類は1回も受賞したことないですし。でも今は、葛西選手や伊東選手、アブドーラ小林選手だって普通に取るじゃないですか。葛西純なんてカミソリボードデスマッチで年間最高試合賞取っちゃうんですから。でも、あの当時はプロレスとは認めてもらえなかった」

——本当に孤高でしたね、そう考えると。

「まあ、でも、だから伝説にはなれたと思うんで」

——確かに。現役時はデスマッチというジャンルをもっと大きくしていきたいみたいな思いもあったんですか？

「ジャンルとして新日本や全日本みたいに大きくしてやろうみたいなことは、まったく考えてなかったです。自分が考えていたのは、プロレス界の異端児になるということです。プロレスに限らず、私は生き方すべてがそうですから。その世界での異端児になるっていう」

——プロレス界で生き残っていくには、この路線しかないみたいな思いもありましたか？

「それもありますけど、好き半分、怖い半分ですよね。対戦相手に関しては、葛西純が出てきたあたりでようやく、自分とのデスマッチが試合として成立する相手が現れたなと。ウィキペディアなんかに書かれてますけど、松永は自分が作ったアイテムに自らが飛び込んで負けるっていうのがあって」

——アイテムって基本、まず持ち込んだ人が食らうのが定番になってますもんね。

「ええ、自らが飛び込むっていうのが。それが必ずしもそうじゃなくなったのって葛西純の出現ぐらいからですからね。もう自分はプロレスを引退しちゃいましたけど、縁があれば、葛西純と畳針ボード対カミソリボードの決戦はやりたかったです。あと、もうひとつ心残りは伊東竜二。やっぱり伊東とも一度デスマッチをやってみたかったですね」

——では最後に、松永さんにとってデスマッチとは？

「人生そのものですね」

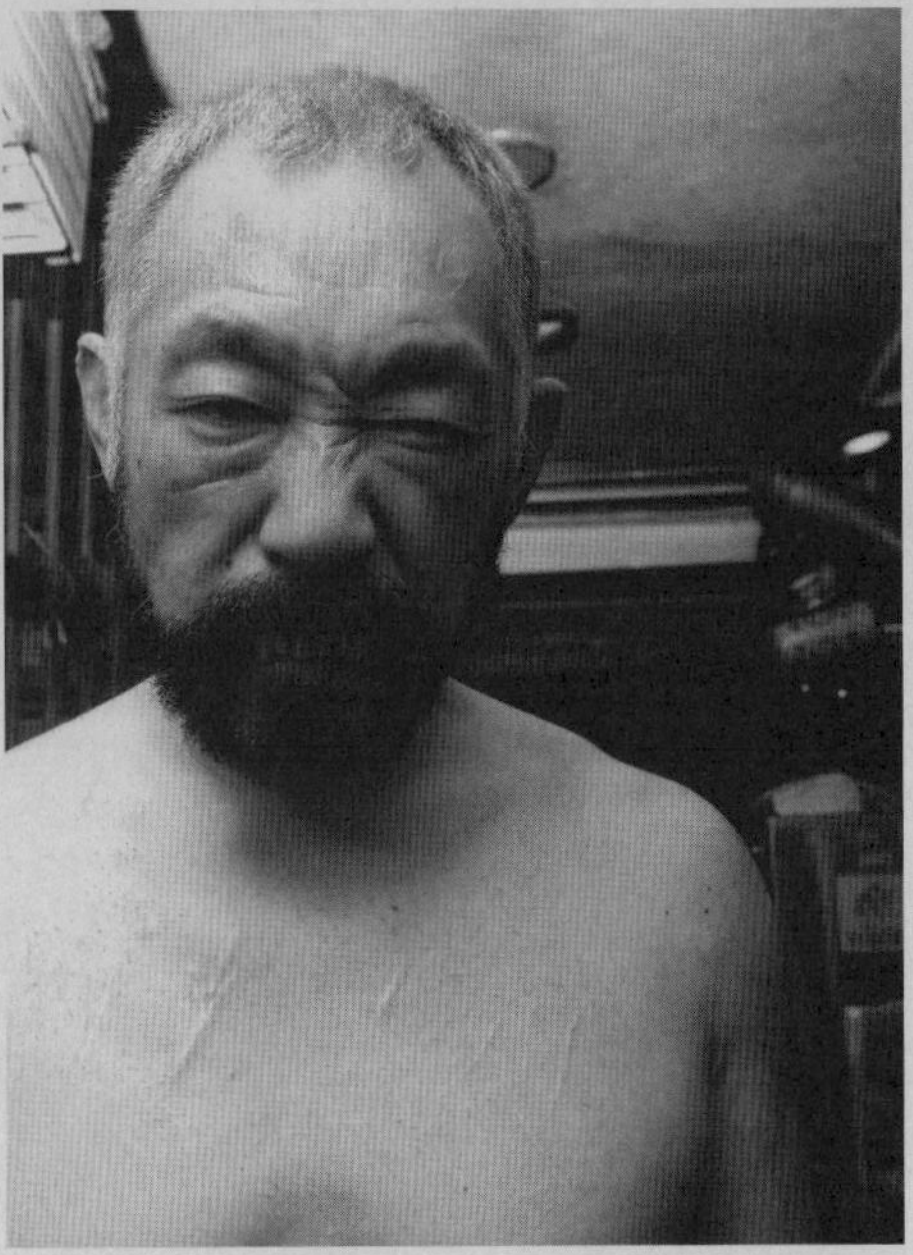

MITSUHIRO MATSUNAGA

まつなが・みつひろ：1966年3月24日生まれ。高校、大学時代の相撲を経て空手に転じ、誠心会館の知多支部長に。1989年10月、誠心会館所属としてFMW旗揚げ戦でプロレスデビューを果たすと、同年12月10日の後楽園ホール大会で日本初の有刺鉄線デスマッチに参戦。以降、パイオニア戦志、W★ING、大日本プロレスなど数々の団体を渡り歩き、デスマッチのスペシャリストとして多くの名勝負を残した。2000年に大日本を離脱し、しばらくリングから遠ざかったが、2005年11月にZERO-ONE MAX参戦を果たし、健在をアピール。同団体でも村上和成や大谷晋二郎を相手にデスマッチ路線を展開。2009年12月23日、終生のライバル・齋藤彰俊との試合を最後に現役引退。現在は、1997年に開業した「ステーキハウス ミスター・デンジャー」のオーナーを務める。

【オフィシャルブログ】http://danger1383.blog50.fc2.com/

【ステーキハウスミスター・デンジャー HP】

http://www.mrdanger.jp/

マット界に刻まれたミスター・デンジャー反骨の衝撃、
今なお戦い継がれる永遠不滅のデスマッチ魂

DEATH MATCH

EXTREME BOOK

戦々狂兇

2016年10月1日初版第1刷刊行

発行者　揖斐　憲

写真　丸山剛史

編集　高木晃彦（noNPolicy）

斎藤　岬（サイゾー）

デザイン　加藤寛之

発売元　株式会社サイゾー

〒150-0043

東京都渋谷区道玄坂1-19-2 スプラインビル3F

TEL. 03-5784-0790（代表）

印刷・製本　株式会社シナノパブリッシングプレス

2016 Printed in Japan
ISBN：978-4-86625-065-6